# REFLEXIONS

## D'UN PATRIOTE

### SUR

## L'OPERA FRANÇOIS,

### ET SUR

## L'OPERA ITALIEN,

*QUI* présentent le Parallele du goût
des deux Nations dans les beaux Arts.

*(Par de. Rochemont)*

## A LAUSANNE.

M. DCC. LIV.

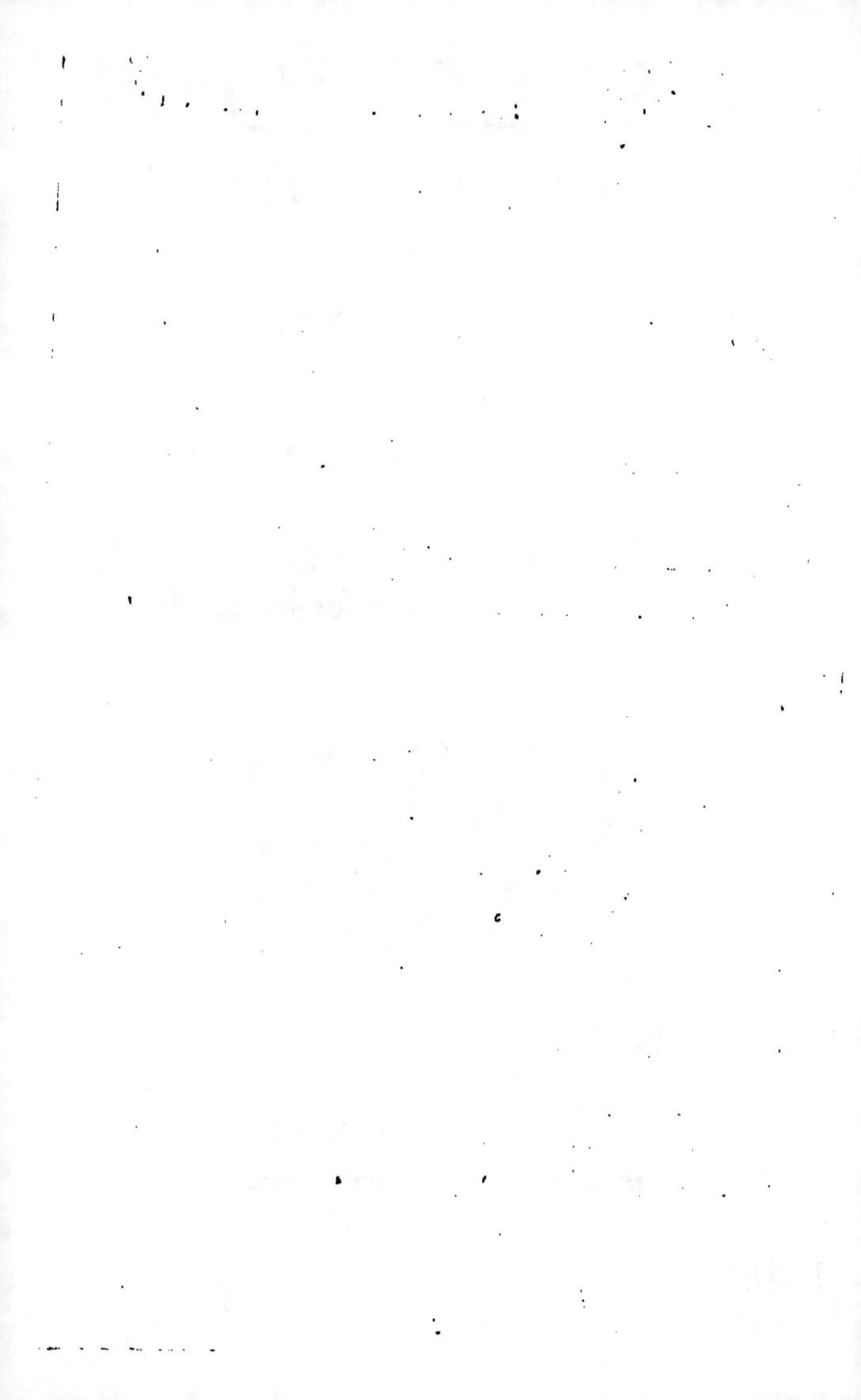

# AVANT-PROPOS.

DEs Réflexions fur l'Opera paroiffent embraffer un fujet frivole & de pure curiofité. Elles peuvent conduire à des vérités utiles.
En portant quelque lumiere fur les
différentes manieres dont les Arts
rempliffent leur objet, elles fourni-
ont peut-être des moyens d'approfondir de plus en plus le goût national des François. Le goût tient au talent, le talent au génie & au caractere,
le caractere tient à tout. Cette liaifon
néceffaire doit mettre de l'intérêt dans
les chofes de pur agrément. Il eft important de bien démêler le principe
fecret qui nous détermine dans le
choix de nos amufemens; il feroit fort
dangereux de s'y méprendre.

L'Opera François, objet toujours
fubfiftant d'une émulation vive entre

les beaux Arts, fixe le goût de la Nation, en donnant à ses plaisirs un caractere d'élévation qui lui fait honneur, & qui lui convient. Il paroît mériter par ces raisons l'attention de ceux qui s'intéressent au bien public.

On se propose, dans cet ouvrage, de présenter quelques vûes générales sur les Arts, & de rendre compte de plusieurs observations qu'on a eu souvent occasion de faire sur la Musique Italienne. On examine d'abord quel a été le résultat & le succès des efforts que les François & les Italiens ont faits pour embellir leur spectacle. Cette recherche conduit assez naturellement à celle des moyens qui ont été employés de part & d'autre. Ces moyens bien observés, doivent donner le développement naturel des beautés & des défauts du caractere & des différences des deux Operas &

des deux Muſiques. Dans un ouvrage qui ſuivra celui-ci, une Théorie fort ſimple & très-intelligible ſur les Arts, établira des principes certains d'après leſquels tout le monde pourra balancer le mérite des Muſiciens & de la Muſique des deux Nations. Les mêmes principes indiqueront poſitivement la véritable raiſon de la préférence accordée à la Muſique Italienne dans toute l'Europe ; & l'on peut aſſûrer d'avance que la cauſe de cet avantage apparent, qui n'eſt pas la plus grande dépenſe de l'Opera François, ni la connoiſſance moins parfaite de notre Langue, comme quelques perſonnes l'ont penſé, ne décide en aucune maniere l'infériorité de notre Muſique vocale.

Perſonne ne ſeroit plus en état de faire le portrait fidele d'une femme aimable, qui racheteroit quelques défauts par beaucoup d'agrémens, qu'un homme qui l'auroit beaucoup aimée, & qui l'aimeroit encore, pourvû cependant qu'il eût affez de bonne foi pour convenir des imperfections qui l'ont fouvent affligé, affez de pénétration pour les démêler à-travers les bonnes qualités qui l'attachent, affez de force dans l'efprit pour n'exagérer ni les unes ni les autres. Un tel homme eft très-difficile à trouver. Le fentiment n'eft que trop fouvent une fource d'illufion. Le raifonnement, toujours occupé à combattre ou à fortifier fes impreffions, n'eft pas un principe de jugement beaucoup plus certain. L'imagination veut foumettre la raifon à fon empire; l'efprit prétend faifir feul bien des chofes qui ne font pas de fon reffort; le cœur eft dans l'habitude de fubjuguer fans réfiftance toutes les puiffances de notre ame. On

ne voit qu'ufurpations dans toute l'é-
tendue du fyfteme moral.

Ces contradictions & ces combats
que chacun éprouve en foi-même, font
la raifon pour laquelle il eft fi difficile
de juger les arts agréables. Pour en
bien parler , pour en décider , il faudroit qu'aucune des facultés de l'ame
ne fût dans le defordre ; avantage qui
n'eft refervé qu'à un petit nombre
d'hommes, ou plûtôt qui n'appartient
à perfonne.

Il n'eft donc qu'un moyen de former un jugement qui foit fage , c'eft
de ne juger jamais d'après foi , mais de
confulter en filence les décifions du
Public , qui a toujours en lui les principes très - développés des fentimens
vrais & des opinions faines. Le monde tel que nous le connoiffons eft plus
habile que le plus habile homme qui
ait jamais exifté. Ofer lui donner des

conseils, c'est présumer toujours trop
de soi-même. Lui donner des précep-
tes, c'est faire parade d'un orgueil puérile & des bornes de son esprit.

On ne trouvera rien ici qui n'ait
été dit plusieurs fois, & qui ne soit le
dévelopement des réflexions les plus
ordinaires du Public. Ce n'est qu'après
avoir étudié, autant qu'il a été possible, ce beau modele, qu'on a crû pouvoir hazarder de devenir en quelque
forte l'interprete de ses idées sur un
objet purement agréable. On sera l'organe fidele de ses sentimens lorsqu'on
trouvera la vérité, & l'organe infidele
toutes les fois qu'on se trompera ; car
il n'est pas toujours facile de bien comprendre les leçons sublimes d'un si
grand maître.

On desire que ces foibles élémens
puissent engager de meilleurs esprits
à approfondir par des idées plus ré-

fléchies, une matiere qui devient tous les jours plus intéreffante. Telle eft l'intention qui a donné naiffance à ces réflexions ; & quoiqu'écrites à la hâte, fi elles parvenoient jamais à une certaine publicité, il paroît fuperflu d'affurer que la vanité n'y auroit aucune part.

De la façon dont vont les chofes, c'eft un acte d'humilité que de courir les rifques d'attirer fur foi des regards curieux. Il y a tout à perdre pour quiconque n'a pas totalement perdu la raifon ; & le feul parti qui convienne à la fageffe & à la médiocrité, eft de refter enfeveli dans l'oubli le plus profond. Le monde verfe le mépris à pleines mains fur les écrivains d'un certain ordre ; les regarde comme fes jouets & fes marionnetes. Il a raifon. Il ne ceffe de protefter contre les prétentions faftueufes d'une vaine philo-

fophie, qui de tems immémorial n'offre à la fociété que des confeils perni-
cieux, des fubtilités inutiles ou des
poifons déguifés. Tôt ou tard il prononce en juge fevere & traite fans indulgence les arts qui perdant de vûe
leur véritable objet, cherchent à l'é-
garer, fous prétexte de lui plaire ou
de l'inftruire. Les talens utiles trouvent à la longue grace devant fes
yeux, & prefque jamais les Artiftes.
Rien n'eft plus équitable que fes ju-
gemens, quelque rigoureux qu'ils
foient *.

On trouveroit fans doute, dans le
cours de cet ouvrage, un ton trop férieux, quelques longueurs, & des négligences de ftyle, qu'il eût peut-être
été poffible de corriger, en donnant

* On n'ignore pas combien les grands hommes de lettres & tous ceux qui s'occupent fans
oftentation des befoins de l'humanité & du bonheur des fociétés, font refpectés & refpectables.

plus de tems à la revifion. Inutilement
diroit-on que les perfonnes à qui on
l'avoit deftiné , ont defiré qu'on ne
laiffât point refroidir leurs idées fur
une matiere fi long-tems débattue ; on
ne feroit excufé que par les lecteurs
naturellement difpofés à l'indulgence.
Cependant, en convenant de la nécef-
fité d'écrire correctement , on penfe
qu'il vaut mieux fe répéter quelquefois & prouver des vérités , que de
courir les rifques d'affoiblir tous les
réfultats , en paroiffant uniquement
occupé du deffein de démontrer irré-
vocablement la régularité fcrupuleufe
du ftyle de l'Ecrivain : & la preuve
complette que tant de jolis ouvrages
s'efforcent de nous donner de la délicateffe infinie du goût de leurs auteurs,
n'eft jamais au fond qu'une forte de
monnoie repréfentative de vanité ,
qui n'ayant de valeur bien réelle que

pour ceux qui croyent avoir intérêt de la faire recevoir, a jusqu'à présent trouvé dans le Public un crédit assez médiocre.

REFLEXIONS

# REFLEXIONS
## D'UN PATRIOTE
### SUR
## L'OPERA FRANÇOIS,
### ET SUR
## L'OPERA ITALIEN.

### PREMIERE PROPOSITION.

L'OPERA François, malgré toutes les dépenses qu'il exige, se soutient pendant toute l'année ; & depuis très-long-tems les Spectateurs fournissent seuls aux frais de ce magnifique Spectacle. L'Opera Italien, dont la dépense se réduit aux appointemens d'un Orquestre & de cinq ou six Chanteurs, ne peut se suffire à lui-même dans aucun pays du monde. Par-tout ce spectacle est une fête extraordinaire qui dure peu, & qui est à charge à ses Entrepreneurs.

A

Cette premiere observation est un fait qui doit être prouvé historiquement. Pour s'en convaincre, il suffit d'être informé de ce qui se passe à cet égard dans tous les pays où l'on connoît l'Opera Italien.

Les Anglois aiment beaucoup la Musique, s'accoutument de bonne heure à celle d'Italie, & paroissent avoir un goût décidé pour l'Opera Italien. La plûpart de ceux qui ont reçû de l'éducation en Angleterre, ont voyagé en Italie. Londres est une Ville très-peuplée & très-riche ; cependant on est souvent des années entieres sans pouvoir ouvrir dans Londres un Théatre d'Opera. Pour établir ce spectacle avec quelque apparence de succès, il faut choisir le tems où la Cour & tous les membres du Parlement sont rassemblés dans la Capitale. Le Théatre n'est ouvert que pendant quatre ou cinq mois de l'Hyver. Tout l'Eté il est fermé ; & malgré ces précautions, l'entreprise est onéreuse. Ceux qui veulent s'en charger, hasardent quelquefois de remettre l'Opera sur pied l'Hyver suivant, dans l'espérance de rétablir leurs affaires, & ils réiterent cette tentative plusieurs années de suite jusqu'à ce qu'ils soient dégoûtés ou totalement ruinés.

Telle est l'histoire abrégée des succès de l'Opera Italien en Angleterre. On pourroit ajouter que le Lord * * *, grand amateur de Musique, a dérangé en peu d'années une fortune très-solide, pour avoir voulu procurer aux habitans de Londres le plaisir d'entendre pendant quelques Hyvers un Opera Italien. Il n'est peut-être pas inutile d'observer que l'entreprise du Bal est ordinairement réunie à celle du grand spectacle, & que l'Opéra est toujours très-bien payé par les Spectateurs, qui ont donné jusqu'à douze livres dans le Parterre, sans qu'on puisse soupçonner cette forte contribution de les en avoir dégoûtés. Les Anglois ont la réputation de ne pas regretter l'argent qu'ils donnent à leurs plaisirs. *

On a bâti à Dresde & à Berlin des Théatres magnifiques, sur lesquels on exécute tous les ans des Operas Italiens, dans le tems du Carnaval. Le Public s'y rend avec beaucoup d'empressement. Les assemblées sont brillantes, & les Salles toûjours pleines ; mais il n'en coûte absolument rien à personne. Les Souverains se chargent par magnificence d'en faire tous les frais.

A Vienne, indépendamment du grand

_____

* En 1735, au Théatre au Marché au foin, où chantoit le célebre Farinelli, on donnoit une demi-guinée pour les places du Parterre, dans lequel tout le monde étoit assis ; ainsi qu'il est d'usage en Italie, & presque par-tout.

Opera qui s'exécute de tems en tems dans
le Palais même de l'Impératrice, il y a un
Opera Italien où l'on entre en payant, &
qui reste ouvert quatre ou cinq mois de l'année. La Salle est située très-près du Palais.
Le Souverain s'y réserve la moitié de l'Am-
phithéatre, & fait plus de la moitié des frais.
Sans cette attention du Gouvernement, qui
croit nécessaire de procurer cet amusement
au Public, l'Opera Italien ne s'y soutien-
droit pas trois mois ; & malgré ce secours,
il reste dans un état de médiocrité qui le met
en parallele avec les spectacles les plus ordinaires de nos Provinces *.

Dans les autres Cours d'Allemagne, dans
celles du Nord, en Espagne & en Portugal,
c'est la même chose qu'à Dresde & à Berlin.
A l'exception de quelques compagnies de
Chanteurs qui courent les Foires, & qui
restent une quinzaine de jours dans chaque
endroit, l'Opera Italien est dans tous ces
pays une fête extraordinaire, dont les Souverains font la dépense, parce que le Public
n'y suffiroit pas.

En Italie, où l'on a porté ce spectacle au
plus haut degré de perfection, & où il est
en droit de plaire plus généralement qu'ailleurs ; en Italie, où l'on a mis en œuvre,

* Cela étoit ainsi en 1747.

pour le favoriſer, tout ce qu'une induſtrie
éclairée pouvoit imaginer de plus ingénieux, il a le même deſtin que dans les pays
étrangers. Rome, Naples, Gênes, Floren-
ce, Turin, Milan, ne peuvent mettre un
Opera ſur pied que pour un mois, ſix ſemaines ou deux mois au plus. A l'exception
de Veniſe, où ce ſpectacle eſt ouvert pendant quatre mois d'Hyver, il n'y a point de
Ville en Italie qui puiſſe le ſoutenir trois
mois de ſuite, & toutes ne le ſoutiennent
que dans la ſaiſon du Carnaval.

Malgré la grandeur des Salles, triples &
ſouvent quadruples des nôtres, malgré la
rareté du ſpectacle, malgré la modicité de
la contribution & les variations qu'on a ſoin
d'obſerver dans le prix des Loges, relativement à la bonté des Piéces, dans le prix des
Loges & du Parterre, relativement aux
différens inſtans de la durée ſucceſſive de la
repréſentation *; malgré la précaution tout-

_____

* Les places du Parterre coûtent depuis vingt juſqu'à
trente ſols ou environ. Preſque toutes les maiſons riches re-
tiennent des loges pour tout le tems que le ſpectacle eſt ouvert ; les perſonnes titrées s'en réſervent juſqu'à deux, &
même trois. Le prix des autres Loges n'eſt pas fixé. On le
regle ſuivant l'opinion qu'on a de la bonté de l'Opera. Ce
prix eſt porté très-haut le jour de la premiere repréſentation ; & ſi l'Opera a beaucoup de ſuccès, il ſe ſoutient ainſi
quatre ou cinq jours ; enſuite il va toujours en diminuant.
A peine le ſpectacle eſt-il commencé, qu'on crie dans les

a-fait ingénieuse & généralement adoptée,
de convertir la Salle du spectacle en Salle
d'assemblée & de conversation, afin de
forcer les Etrangers & ceux qui veulent
voir le grand monde, de se rendre à l'Opera; malgré l'ardeur avec laquelle tous les
honnêtes gens se portent à ce qui peut fa-
voriser ce spectacle, quoiqu'il n'en coûte
que très-peu de chose pour le Compositeur.*; rien du tout pour le Poëte; quoique
le Théatre ne soit imposé à aucune pension,
ni à aucune espece de tribut charitable ;
avec tous ces encouragemens, les Entrepreneurs ne parviennent presque jamais à reti-
rer leurs avances. Ces Entrepreneurs sont
ordinairement des gens de condition, des
gens riches, qui s'unissant plusieurs ensemble, se font un mérite de sacrifier quelque
chose à l'amusement de leurs compatriotes.
S'ils retirent leurs frais, ce sont les Jeux de
hasard, dont ils tiennent la banque, & qu'on

places voisines du Théatre, les billets du Parterre & les
Loges au rabais. Lorsque le premier acte est fini, les prix
baissent de moitié, & ainsi de suite, toujours au rabais, jusqu'à la fin de l'Opera, dont la représentation dure quatre à
cinq heures.

  * A Rome, on promet à un Musicien habile, pour la
composition d'un Opera, quatre ou cinq cens livres au plus;
& cette somme n'est réellement délivrée qu'après que l'O-
pera a eu quelque succès. On donne davantage dans quelques autres Villes.

tolere dans ces momens, qui remplacent le plus souvent les vuides de l'entreprise.

Lorsqu'on ouvre en Italie un Théatre d'Opera, tout le monde s'y rend d'abord avec beaucoup d'empressement ; mais à peine les premiers jours sont-ils écoulés, qu'on seroit tenté de croire que personne ne s'en soucie plus. Le petit nombre de ceux qui sont en possession de donner le bon ton, décide qu'il y a, tout au plus, deux ou trois morceaux de Musique qui méritent qu'on y fasse quelque attention, & il est alors du bon air de les écouter. Pendant tout le reste du spectacle on cause avec ses amis, les Dames sont occupées à recevoir leur monde, les hommes viennent leur faire la cour : ils se montrent dans toutes les Loges, s'entretiennent de la nouvelle du jour ; l'Opera sert de contenance, devient une occasion de se voir, & n'est rien de plus. Le reste du Public paroît écouter avec plaisir un bon Opera pendant cinq ou six représentations, après quoi il demande à grands cris* qu'on lui en donne un autre.

Les Italiens aiment beaucoup la Musique, ne connoissent que celle qu'ils font, & la trouvent très-bonne. Cependant, sans la

_____

* Dans les Maisons, dans les Caffés, & dans tous les lieux publics.

A iiij

reſſource tout-à-fait favorable aux intérêts du ſpeſtacle de transformer le Théatre en rendez-vous & en lieu d'aſſemblée, il eſt tout-à-fait vraiſemblable que le plus bel Opera du monde ne ſe ſoutiendroit nulle part quinze jours, & qu'avant la dixiéme repréſentation il faudroit fermer le Théatre. La preuve de cette propoſition qui paroît exagérée, eſt que malgré tous les encoura-gemens poſſibles, les meilleurs ne ſe ſoutien-nent preſque jamais au-delà de trois ſemai-nes ou d'un mois ; que ſix ſemaines ſont la période la plus magnifique de leur durée le *non plus ultra* de leur ſuccès ; & qu'enfin dans les Villes où ce ſpeſtacle eſt ouvert pendant cinq ou ſix ſemaines, on eſt obligé de mettre ſur pied deux Operas.

Il paroît donc prouvé que l'Opera Italien, quoiqu'extrêmement favoriſé, n'eſt jamais ſuivi que pendant un tems fort court, & qu'il ne ſuffit nulle part à ſa dépenſe, pas même en Italie ; comme d'ailleurs il eſt éga-lement certain que l'Opera François (qui ne reçoit du Public aucun encouragement *).

* Dans les principales Villes d'Italie, le Carnaval occa-ſionne une fête publique toujours brillante. On ſe rend dans la plus belle place ou dans la plus belle ruë de la Ville. Les Maſques s'y promenent en carroſſe ou à pied : les perſon-nes qui ne ſont pas déguiſées ſe tiennent aux fenêtres ; & s'amuſent du concours & de la variété prodigieuſe de tous

dont la dépense est immense , & qui fait face à des frais étrangers à l'entreprise , se soutient toute l'année sans interruption , & s'est toujours soutenu de la même façon depuis son origine jusqu'à présent , sans autre secours que celui de la contribution des Spectateurs : il y a toute apparence que cet avantage n'est pas l'effet de quelques circonstances passageres , mais qu'il est une suite nécessaire de la bonté des moyens qu'on a employés pour le rendre agréable. Il est donc vraisemblable que pour découvrir ces moyens , que pour trouver la cause sensible d'une différence si marquée , il doit suffire de développer avec exactitude la marche & le caractere général des deux spectacles. Il est dangereux de se livrer à de simples conjectures : il est toujours satisfaisant

les Masques, Ce divertissement auquel tout le monde prend part , & qui dure quatre, six ou huit jours & même plus , commence à trois heures après midi , & finit à la nuit ; deux heures après qu'il est terminé , les spectacles commencent. Les Dames se font un plaisir de paroître dans les Loges avec les habits galants dont elles se parent pendant cette saison privilégiée ; & dans quelques endroits le Parterre est ouvert à toutes les femmes qui peuvent alors se placer à côté des hommes. Ainsi pendant les derniers jours du Carnaval , il est presque nécessaire que les Salles de spectacle soient remplies. Les assemblées particulieres qui forment chez nous les amusemens du Carnaval, dérobent indispensablement beaucoup de Spectateurs à nos Théatres.

de raisonner sur des faits certains & rigoureusement démontrés.

Les dettes dont l'Opera François se trouve
chargé depuis quelques années, ne forment
pas une objection qui puisse affoiblir la vérité de cette proposition. Toute dette publique suppose la confiance, & celles de
l'Opera ne peuvent jamais être fondées que
sur la certitude de ses succès démontrée par
l'expérience. On trouveroit difficilement à
emprunter du Public cinquante mille francs
sur les succès vraisemblables du plus fameux
Théatre d'Italie.

## II PROPOSITION.

Les Italiens s'occupent très-médiocre-
ment du Poëme des Tragédies qu'ils met-
tent en Musique, dont le sujet n'est pour
eux qu'une occasion de lier les ariettes les
unes aux autres, & d'animer le spectacle. Ils donnent leur attention principale à
la Musique, dont les beautés décident tou-
jours le succès de leur Opera.

Metastase est regardé en Italie comme le
meilleur modele du Théatre : ses composi-
tions sont comparables, pour la force &
pour l'élegance de son style, aux belles
Tragédies de Racine, ou à celles de Mes-

fieurs de Crébillon & de Voltaire. C'eſt à
peu-près le même ton, la même meſure de
vers, la même richeſſe d'expreſſion, la même conduite. On y trouve des ſituations
intéreſſantes, des idées nobles, des ſentimens délicats, & une infinité de choſes
bien penſées, écrites avec grace, qui ſont
en droit de plaire à tous les hommes dont
l'eſprit eſt cultivé.

Dans les Poëmes de Metaſtaſe, & dans
tous ceux qui ſont deſtinés à être mis en
Muſique, toute ſcene, tout dialogue finit
par une eſpece de Madrigal que chaque Interlocuteur recite avant de quitter le Théâtre. Ce Madrigal eſt tantôt une réflexion;
tantôt une comparaiſon qui doit renfermer
une expreſſion générale des ſentimens du
perſonnage théatral. Ce morceau de Poëſie
eſt preſque toujours poſtiche; la penſée
qu'il renferme eſt frivole, ſouvent puérile.
La meſure des Vers eſt changée; & ſi la
Piece étoit déclamée, on ſe garderoit bien
de reciter le Madrigal qui n'eſt compoſé
que pour mettre le Muſicien plus à ſon
aiſe.

Telle eſt en général la marche de la Poëſie. Voici celle de la Muſique: le Muſicien
compoſe pour les beaux Vers, dont nous
avons parlé, un récitatif qui rend avec exac-

titude le sens des paroles, en ajoûtant peu
de chose à l'expression poétique. Ce récitatif très-monotome n'est gueres supporta-
ble qu'à ceux qui connoissent bien la Langue, & qui sont dans l'habitude de l'entendre parler. Mais bientôt le Musicien se dédommage de l'éspece de contrainte à laquelle il s'est assujetti dans le Dialogue, par
la complaisance avec laquelle il s'attache au
Madrigal. C'est sur ce morceau favori qu'il
deploye toutes les richesses, toutes les res-
sources & toute la sublimité de son art. Le
succès avec lequel le Madrigal est chanté,
décide toujours la réputation du Musicien ;
l'applaudissement des Spectateurs & la réus-
site de l'Opera.

Ainsi le Musicien Italien débute par négliger les véritables beautés de son Poëme,
pour faire valoir une pensée peu liée au
sujet & postiche. Il est important d'insister
sur cette marche singuliere. Elle est en partie la source des beautés saillantes de la Musique & des défauts du spectacle.

On a dit que le récitatif n'a d'autre effet,
quand il est bon, que de rendre avec exactitude les pensées & les paroles du Poëte,
sans ajoûter beaucoup à l'expression des Vers
& à l'énergie du style. Rien n'est si vrai. Si
l'on demande à un Italien, homme de bon

goût, s'il préfere d'entendre une belle Scene
de Metastase récitée en Musique par deux
bons Chanteurs, à la même Scene déclamée par deux bons Acteurs, on est persuadé
qu'il dira que la bonne déclamation de cette
Scene le touche davantage que le chant des
mêmes Vers. Il est même vraisemblable que
cette décision est forcée de sa part ; car le
Dialogue de Metastase est écrit comme celui de toutes les Tragédies Françoises & Italiennes. On a déja observé qu'il comporte
à peu de chose près la même mesure dans
les Vers, la même tournure dans les pensées, la même étendue dans les raisonnemens, la même force dans l'expression. Il
paroît donc assez naturel d'en conclure que
les Vers de Metastase sont plus faits pour
être déclamés que pour être chantés. A la
vérité, en Italie, on aime ordinairement
mieux entendre chanter les belles Scenes de
Metastase, que de les entendre déclamer,
parce qu'elles ne sont jamais représentées
que dans des Colléges ou sur de petits
Théatres par de jeunes enfans & par de
mauvais Comédiens ; mais si les Acteurs
qui récitent ces Tragédies, étoient en proportion de mérite avec les fameux Musiciens qui les chantent, il est très-vraisembla-
ble qu'on aimeroit beaucoup mieux les en-

tendre déclamer que de les entendre chanter,
Car, quoique bien chantées sur les grands
Théatres, on n'y fait presque point d'attention, & quoiqu'elles soient mal décla-
mées dans les Colléges, on les écoute avec
plaisir. Derniere observation qui paroît former une preuve assez complette.

Il est nécessaire de remarquer qu'on ne
parle ici que du récitatif ordinaire des Italiens, & point du tout de ce qu'ils appellent le récitatif obligé. On pense avec tout
le monde que ces morceaux de Musique
sont quelquefois supérieurs aux plus belles
ariettes, & on desireroit seulement qu'ils
fussent un peu moins rares *.

Le Madrigal fait le sujet de l'ariette, &
la simple exposition que nous venons de
faire, suffit pour comprendre que l'ariette
n'étant point assez liée à l'action, doit la
gâter. En effet il n'est point du tout naturel qu'un personnage, animé d'une grande
passion, s'arrête si long-tems sur des mots
frivoles qui au fond ne disent rien. Il n'est
point raisonnable qu'il reste sur le Théatre,
lorsque ses projets & les circonstances où

---

* Les Italiens ne les employent que dans les momens les
plus pathétiques de l'action. On ne trouve ordinairement
que deux récitatifs obligés, & presque jamais trois dans
chaque Opera.

il fe trouve demanderoient le plus fouvent
qu'il fortît avec précipitation. Il n'eft pas
vraifemblable que l'Interlocuteur, qui eft
prefque toujours d'un avis contraire, le
laiffe parler un tems fi confidérable fans
l'interrompre & fans rien dire. Ceux qui
connoiffent les grands Operas d'Italie, fça-
vent à merveille combien cet Interlocuteur
eft embarraffé de fa perfonne pendant que
l'autre chante l'ariette, à quel point cet em-
barras refroidit l'action, comment on prétend y remédier en permettant aux deux
perfonnages, pendant le repos des reprifes
de l'ariette, une forte de dialogue muet
que perfonne ne doit entendre : ce qui fubf-
titue à un défaut de vraifemblance très-cho-
quant, un ridicule qui ne l'eft pas moins.
Ces inconvéniens réunis qui reviennent ré-
gulierement dans toutes les Scenes, font un
tort fenfible à l'action. Ils fuffiroient feuls
pour en détruire fans reffource le fil & la
continuité.

Mais, dira-t-on, le manque de vraifemblance eft un reproche général qu'on peut
faire à tout Dialogue mufical. Cela peut
être : cependant ceux qui feront cette réflexion, doivent convenir qu'il y a des degrés
& des nuances dans les défauts comme dans
les beautés. Faire chanter au perfonnage

théatral, au milieu de la Scene & dans le
moment de la plus grande chaleur de l'action, une réflexion affez froide, qui la plûpart du tems ne fignifie rien & ne finit point;
c'eft, à ce qu'on croit, porter le défaut de
vraifemblance au plus haut degré où il puiffe
atteindre.

La Mufique de l'ariette, ajoutera-t-on,
eft fi belle, fi ingénieufe, fi admirable,
qu'elle fait oublier tous les petits défauts
qu'on peut lui reprocher. On les oublie;
cela eft vrai; mais on oublie en même tems
de prendre intérêt au fujet dont bientôt on
ne fe foucie plus du tout.

Jettons à préfent un coup d'œil fur cette
Mufique, un fimple coup d'œil général. En
convenant de toutes fes beautés, même de
fa fublimité, on ne peut s'empêcher de remarquer qu'elle a deux défauts fenfibles dont
elle ne fe défait prefque jamais. Ces défauts
font la *charge* & l'*écart*; ce qui fignifie que
le Muficien rend très-bien, quand il veut,
l'impreffion générale de terreur, de tendreffe, de jaloufie ou de colere dont le perfonnage eft agité; mais qu'après avoir été
quelques momens dans le vrai, il s'échappe,
va au-delà, & ne manque jamais d'altérer
la peinture à force de la charger; que la
tendreffe dégénere fouvent en volupté, la

terreur

terreur en puſillanimité, la colere en accès de frénéſie, la magnanimité en bravade, & que le perſonnage eſt toujours avili par ce défaut de juſteſſe. D'ailleurs, l'impreſſion générale que le Muſicien veut exciter eſt encore affoiblie par les écarts trop fréquens auxquels il ſe livre. Car au lieu de ſuivre conſtamment le ton ſérieux, tendre ou paſ-ſionné, qu'il a pris d'abord, il paroît tout à coup changer d'objet au milieu de ſon ariet-te, & ſe permet des badinages qui cou-pent ou paroiſſent couper le deſſein qu'il s'étoit propoſé en commençant. Ceci eſt quelquefois une licence ſçavante & toute muſicale. Le Muſicien trouve ſur ſon che-min une diſſonnance, il s'attache à cette note, & fait autour d'elle un circuit d'ac-cords tel qu'enfin elle rentre dans l'ordre général, & devient conſonante. C'eſt une phraſe iſolée, c'eſt une penſée ingénieuſe détachée, c'eſt un badinage ſublime qui fait plaiſir aux oreilles exercées, on en con-vient ; mais enfin c'eſt un badinage, c'eſt un écart qui fait perdre pour un moment de vuë le motif de l'ariette. L'ariette elle-mê-me eſt un écart à l'action ; ce ſont donc écarts ſur écarts qui achevent de faire ou-blier le ſujet du Poëme.

L'exécution de l'ariette de la part de l'Ac-

B

teur répond à l'allure générale du Compofiteur. On voit toujours le Chanteur & jamais le Perſonnage : témoin ces ſublimes
arbitrios qui font un plaiſir ſi vif aux amateurs connoiſſeurs, & tant d'honneur à l'organe ſçavant qui les prononce. Tous ces
défauts accumulés les uns ſur les autres
font naître une réflexion fort naturelle. On
trouve que le Compoſiteur donnant le mauvais exemple de ne ſonger qu'à ſa gloire
perſonnelle, en abandonnant en toute occaſion les intérêts de ſon Poëme, le Chanteur n'a pas tort de marcher ſur ſes traces,
& de travailler pour lui ſeul très-indépen-
damment du Poëme, du Muſicien & de la
Muſique *.

A travers toutes ces diſtractions le ſujet
eſt déja bien loin ; il n'en eſt plus queſtion
à la ſeconde ariette. Chaque Acteur qui paroît ſur la Scene n'eſt plus dès ce moment
un perſonnage qui prétende intéreſſer les
Spectateurs à la ſituation où il ſe trouve,

* Cette critique n'eſt point exagérée : un des plus grands
Chanteurs d'Italie, dans une ariette du Siroe très-fameuſe,
compoſée par Lattila, & qui dit : *Se il mio paterno amore,
ſdegna il tuo cor altero, piu giudice ſevero, che padre a te farò,*
faiſoit le bel *arbitrio* ſur le mot *a'tero.* Il trouvoit ſans doute
ce moment plus favorable que tout autre pour briller muſica-
lement. Mais il n'eſt pas moins vrai qu'il faiſoit, par ce choix,
le contre-ſens le plus inſoutenable ; car il étoit impoſſible de
n'être pas intimement convaincu, pendant tout le tems que
duroit cet ornement déplacé, que ce pere ſi courroucé faiſoit des complimens très-gracieux à ſon fils.

& dont il ne leur rend compte que pour la forme. C'eſt un Chanteur qui vient payer au Public le tribut d'une nouvelle ariette ; c'eſt tout ce qu'on en exige , & c'eſt en effet le ſeul plaiſir qu'il ſoit en état de procurer.

Le Poëme d'un Opera n'eſt donc chez les Italiens , qu'une eſpèce de fil hiſtorique qui a pour objet de lier les Scenes , & d'amener ſucceſſivement les ariettes , dont le caractere doit être varié ; car il eſt décidé que le Spectateur doit paſſer ſucceſſivement du pathétique au gracieux , & du tendre au terrible. Les évenemens que le Poëme développe occaſionnent d'ailleurs un certain mouvement , qui , joint au changement des décorations & au jeu des Acteurs , procurent un plaiſir plus complet & plus vif que ſi ces ariettes étoient chantées au claveſſin dans un Concert ordinaire. Le Poëme fournit encore quelques ariettes de ſituation , qui font au Théâtre un effet très-ſupérieur à celui qu'elles féroient par-tout ailleurs.

Il eſt vrai que la marche du Poëme ne s'accorde pas toujours avec la regle muſicale qui ordonne de varier les ariettes ; mais la regle eſt rigoureuſe , & le Muſicien s'y ſoumet d'ordinaire au haſard de contrecarrer le ſens des paroles. C'eſt par reſpect pour cette regle qu'un Chanteur exprime

B ij

quelquefois des accens plaintifs sur un mouvement de menuet.

Si l'intérêt qu'on prend au Poëme faisoit partie de l'amusement que procure un Opera Italien, il eût été impossible de faire ce qu'on a fait en faveur des grands Operas. Jamais on n'auroit pu convertir la Salle du Spectacle en lieu d'assemblée, parce qu'il feroit absurde d'établir une conversation à la représentation d'une Tragédie déclamée ou chantée qui doit être entendue d'un bout à l'autre ; mais il est très-raisonnable que le Public, à l'exemple du Musicien, donne peu d'attention au dialogue de la Piece, & qu'il en donne beaucoup à l'ariette. La représentation d'un seul Opera Italien en apprend plus dans un moment qu'on n'en peut dire en beaucoup de paroles. Pendant les Scenes on cause dans les Loges, pendant l'ariette presque tout le monde se tait.

Reprenons en peu de mots ce que nous venons de dire. Le récitatif Italien ajoute peu de chose à l'expression des paroles ; on y fait d'ailleurs très-peu d'attention. Les personnages que le Poëte met en action, intéressent fort médiocrement : l'ariette est non-seulement peu liée au sujet, mais elle le fait perdre entierement de vuë par la façon dont elle est composée & chantée. Cependant c'eft l'ariette qui décide le fuccès d'un Opera. De tous ces faits on eft forcé de conclure que la Mufique eft la partie dominante dans un Opera Italien ; que le fujet eft toujours facrifié, & que ce fpectacle ne procure d'autre plaifir réel que celui de faire entendre une bonne Mufique qui fe trouve animée par l'action véhémente des Chanteurs & par les fituations exceffivement tragiques que le Poeme développe de tems en tems.

Quoique cette propofition paroiffe fuffifamment prouvée, on ajoutera cependant une derniere obfervation qui fera peut-être plus d'impreffion que tout ce qui a précédé.

L'Artaxerce de Vinci paffe pour le plus bel Opera d'Italie, à peu-près comme Armide eft le chef-d'œuvre de la compofition Françoife. Armide a été remis plufieurs fois au Théatre, & dans toutes les reprifes cet Opera a toujours eu un fort grand fuccès. On peut affurer comme une vérité prefque certaine qu'en Italie on n'a jamais vû l'Artaxerce de Vinci deux fois fur le même Théatre. Les Italiens ont pour principe, de ne jamais faire reparoître un Opera qui a déja été entendu. On veut continuellement du nouveau ; & quelque admirable que fût un Opera remis, il n'auroit point de Spectacle tcurs. D'après le même principe, il eft permis de donner l'Artaxerce trois ou quatre fois aux mêmes Spectateurs, pourvû que les paroles qui font de Metaftafe foient mifes en Mufique par d'autres Muficiens que Vinci, & c'eft ce qui arrive tous les jours à l'Artaxerce & aux Poëmes qui font bons.

Si l'intérêt à l'action repréfentée par les Acteurs faifoit partie du plaifir qu'on éprouve à l'Opera Italien, on feroit toujours flatté d'entendre les belles paroles de l'Artaxerce rendues par le meilleur Muficien d'Italie, & on préféreroit fouvent l'Artaxerce mis en Mufique par Vinci, à l'Artaxerce mis en Mufique par un Muficien moins habile que Vinci, ce qui n'arrive pas. Donc on ne va à l'Opera Italien que pour la Mufique, & il fuffit de changer la Mufique d'un Opera pour donner au Public un ouvrage qui lui paroît différent du premier & totalement nouveau.

Si la Mufique des Italiens avoit pour objet de faire valoir les paroles du Poëme & le fujet, il eft certain que de beaux Vers & des Scenes touchantes travaillées par un grand Muficien feroient une impreffion de plaifir fort fupérieure à celle que pourroient produire les mêmes Scenes chantées par un Muficien médiocre. Si donc Vinci, ce fa-

meux Muſicien, avoit eu pour but d'embellir ſon Poëme & d'émouvoir ſes auditeurs en faveur de toute l'action théatrale
de l'Artaxerce, & qu'il eût parfaitement
réuſſi, dans ce cas il n'eſt pas douteux qu'on
voudroit revoir l'Artaxerce de Vinci de
préférence à tout autre, & que les mêmes
auditeurs ne pourroient plus entendre ſans
dégoût les paroles de l'Artaxerce rendues
par un Muſicien fort inférieur à Vinci.

On doit donc conclure ſans craindre de
ſe tromper que Vinci n'a pas eu pour but de
faire valoir les beautés poëtiques de l'Artaxerce, & qu'il s'eſt contenté de chanter
l'ariette dans le caractere général qui lui con-
venoit; qu'aucun Muſicien d'Italie n'a pour
but de faire valoir les beautés du Poëme
qu'il met en muſique; que par conſéquent
l'action eſt perpétuellement négligée & ſa-
crifiée dans l'Opéra Italien; & qu'enfin
cet Opéra ne plaît que par les ſeules beautés muſicales qui, dans cet ouvrage, ſont
très-indépendantes de la bonté ou de la médiocrité du Poëme, & qui ſont elles-mêmes
ordinairement un écart au ſujet.

Les Réflexions précédentes & celles qui
ſuivront, ſe rapportent principalement aux
grands Opéras d'Italie, à ces productions
qui paſſent pour les chefs-d'œuvres du théa-

tre & les plus parfaits dans le genre. On dira peu de chose de ces Comédies dénuées de conduite & de mœurs, dont le dialogue écrit sans finesse ne perd rien à être enseveli dans l'obscurité du récitatif Italien. On convient que la saillie & le feu de l'ariette ne sont pas sans agrémens dans les sujets comiques & badins. D'ailleurs lorsque le Poëte est incapable d'exciter une certaine attention, on a nécessairement obligation au Musicien de tout l'amusement qu'il procure.

### III. Proposition.

Les François ont donné leur attention principale au sujet & au Poëme de leurs Opéras. Chez eux la Poësie a toujours eu beaucoup de part à la gloire des succès, & la Musique n'a eu d'autre but que de faire valoir les beautés poëtiques.

Les Musiciens François ont été obligés d'augmenter à l'aide de la mélodie & de l'harmonie l'impression que les vers qu'ils ont chantés auroient faite par le secours de la seule déclamation. Telle est la loi qu'on leur a imposée en France, & le principe sur lequel le public les a jugés. Ces Musiciens ont exécuté dans ce genre de travail des choses admirables. Par la justesse de leur

fentiment, par la vérité de leur expreffion.
Un bon Opéra François partage avec les
meilleures Tragédies une forte d'éternité de
durée. On écoute encore avec plaifir les
belles Scenes d'Armide & d'Atis ; parce
que le langage de la vérité & de la nature
eft en droit de plaire en tout tems. Un Muficien qui changeroit ces récitatifs fi connus,
qui rendroit avec moins de grace & de chaleur que Lully les fentimens délicats ou paf-
fionnés qui font le mérite de ces belles Scenes, ne manqueroit pas de revolter fes auditeurs.

Le Poëte & le Muficien François fe font
donc réunis dans le deffein de produire un
feul & même effet. Ils ont voulu intéreffer à
l'action théatrale. Des événemens dignes de
l'attention des Spectateurs, & préfentés de
façon à mettre en mouvement leur fenfibilité, ont été la bafe fur laquelle ils ont élevé
le fpectacle François. Ainfi, quoique le
Muficien puiffe avoir plus de talent que le
Poëte ; quoiqu'il détermine quelquefois par
la feule force de fon génie le fuccès d'un
Opéra, fon art eft regardé en France comme
devant toujours feconder la Poëfie fans pouvoir jamais en aucun tems affecter l'indé-
pendance. L'Opéra François eft un ouvrage
régulier dont toutes les parties doivent
avoir un rapport néceffaire au fujet.

## IV. PROPOSITION.

L'attention principale donnée par les Italiens à la Musique, & par les François au Sujet & au Poëme de leurs Operas, est la cause de la desertion du Théatre Italien, & des succès soutenus de l'Opera François.

Le Musicien Italien s'est borné à faire admirer les merveilles de son art ; le François a voulu intéresser aux personnages qui paroissent sur la Scene. Il n'est point surprenant que des prétentions si éloignées ayent produit des effets si différens. L'Italien a rassemblé moins de Spectateurs, parce qu'il n'a été suivi que par ceux qui s'attachent à la Musique de préférence à tout autre objet d'amusement. Le François en a eu beaucoup davantage ; parce qu'en faisant marcher d'un pas égal le Poëme & la Musique, il a réuni cette partie du Public qui n'a de goût que pour la Musique, & cette autre partie beaucoup plus nombreuse qui se plaît à exercer sa sensibilité pendant toute la durée du spectacle, & veut joindre au plaisir de l'oreille l'émotion du cœur. Plus on y réfléchira, plus on sera convaincu que les hommes en général préféreront toujours le plaisir d'être vivement intéressés à tous les dé-

veloppemens d'une grande action théatrale
par le fecours d'une Mufique, telle qu'elle
foit, fi cet amufement leur eft offert, au
plaifir que pourra leur procurer une Mufique, fublime fi l'on veut, mais qui aban-
donnera en toute occafion le fens jufte &
complet des paroles.

La raifon en eft fimple. La Mufique ne
fait une impreffion fi agréable, que parce
qu'elle réveille l'image des paffions. Ainfi
touteMufique qui ne perd jamais de vûe l'expreffion des penfées & des fentimens d'une
Poëfie touchante, plaira plus fûrement que
celle qui fe laiffant aller à la tentation de
multiplier des images riantes, mais accef-
foires à la penfée principale, négligera de
s'attacher fortement au vrai fens des paroles auxquelles elle eft unie. Celle-ci ne donnera jamais que des éclairs & des inftans fugitifs de plaifir. Nous avons donc pris le chemin le meilleur pour plaire aux Spectateurs;
& la bonté de la méthode Françoife eft en
effet juftifiée par l'expérience*. Ce raifonnement qui paroît fans réplique pour les Fran-

* On prouvera ailleurs que le Muficien Italien détourne
ordinairement la véritable penfée du Madrigal qu'il met en
Mufique, pour la plier à la tentation toujours victorieufe
chez lui de briller avec éclat dans chaque ariette. En même
tems on fera remarquer que c'eft à ce défaut de jufteffe qu'il
doit, finon toujours, au moins très-fouvent, fes plus grands
fuccès.

çois, doit être également applicable aux autres Nations, puifque l'Opera Italien n'a par-tout que des fuccès apparens, momentánés & paffagers.

La bonne ariette Italienne eft fans doute une des plus belles chofes qu'il y ait en Mufique, une production de l'art merveilleufe. Mais premiérement la bonne ariette Italienne eft très-rare, & plus rare qu'on n'imagine. En fecond lieu, quoique fes beautés, uniquement muficales, procurent un plaifir très-vif, elles font une impreffion trop momentanée, trop inégale, trop peu durable, trop ifolée, trop indépendante du fujet, & trop fubitement fuivie d'un vuide total. Enfin, au lieu d'embellir l'ouvrage dont elle fait partie, & auquel elle eft intimément unie, l'ariette Italienne le dégrade. C'eft un défaut capital pour notre façon de penfer & de fentir.

Un excellent Chanteur a beau nous dire dans une ariette magnifique, qu'*il eft perfécuté par un tyran*, qu'*il adore une ingrate*, il n'en réfulte jamais en faveur du perfonnage le plus petit degré de compaffion. Le fentiment qu'il fait naître fe réduit ordinairement à une admiration plus ou moins vive pour la fcience du Muficien & pour l'art du Chanteur. Tel eft le réfultat ordinaire de l'ariette :

il eſt très-rare qu'elle en ait d'un autre *.

Mais lorſque le Muſicien a pour objet d'intéreſſer aux différentes paſſions des per-ſonnages, lorſque le Spectateur eſt remué à la fois par de beaux Vers, par une ſitua-tion touchante, & par une Muſique qui s'at-tache à rendre toute l'énergie du ſentiment, lorſque tout contribue à faire valoir l'action même qui ſe paſſe ſous ſes yeux, en lui don-nant un certain degré de force & de vérité, alors le Spectateur qui reçoit dans l'ame une impreſſion profonde, éprouve un plaiſir plus durable & d'un genre bien ſupérieur à celui que peut lui donner la trop élégante rhéto-rique d'une ariette, dont la belle exécution eſt elle-même une nouvelle diſtraction du ſentiment.

C'eſt à ce principe qu'il faut rapporter les beautés du récitatif obligé des Italiens.

* L'exacte vérité dont on fait profeſſion, ne permet pas de paſſer ſous ſilence certaines ariettes de ſituation qui ren-dent avec une ſimplicité admirable la paſſion du perſonnage théatral. On citera l'ariette compoſée par Manna dans le *Tito Manlio*, qui n'a jamais obtenu que des applaudiſſemens médiocres, & qui commence par ces mots: *Per pieta non accreſcete almio cor maggior affanno.* La même vérité nous oblige de dire que ces ariettes ſont ſi prodigieuſement ra-res, qu'elles ſont à peine exception à l'uſage ordinaire, & ne doivent affoiblir en aucune façon l'idée générale & fort juſte qu'on donne ici du caractere & des défauts de l'ariette Italienne. On ne parle encore que des ariettes, & point des *duos* dont il ſera queſtion ailleurs.

Cette compofition paroît fublime, & réunit tous les fuffrages lorfqu'elle eft bien faite, parce que le Muficien fe propofe dans ce moment de rendre avec force les expreffions du Poëte & les fentimens des perfonnages. C'eft, exactement parlant, une Mufique compofée dans le goût François par des Muficiens qui ont beaucoup de talent & de génie.

Il paroît donc raifonnable de conclure de ces réfléxions, que le fuccès de la Mufique vocale eft toujours proportionné à l'art avec lequel le Compofiteur fçait tranfporter dans l'ame des Spectateurs l'émotion dont il eft pénétré, en donnant au fentiment le jufte degré de chaleur & de force qui lui convient, fans jamais s'écarter du rapport que la penfée doit avoir au caractere & à la fituation du perfonnage théatral.

### V. Proposition.

L'Opera François a été moins fuivi qu'il n'étoit autrefois, depuis qu'en France on a paru donner plus d'attention aux agrémens de la Mufique qu'aux beautés de la Poéfie; & cette façon de penfer femble être l'époque des fuccès moins foutenus de ce Théatre.

Depuis quelques années, foit difette de

bons Poëmes, foit prédilection pour les productions d'un Muficien du plus grand mérite, les amateurs de l'Opera ont paru s'attacher davantage à la Mufique, & ne plus
tant exiger de la Poéfie. Ce goût décidé
pour la Mufique, qui n'eft pas celui du Public nombreux, n'a pas été favorable aux
intérêts du fpectacle, & des ouvrages très-
eftimables dans leur partie muficale n'ont
prefque jamais réuffi au gré des partifans de
la bonne Mufique.

La raifon de ces demi-fuccès eft que la
beauté de la Mufique & celle de la Poéfie
font inféparables l'une de l'autre dans l'O-
pera François ; que dans ce fpectacle les
deux arts doivent être uniquement occupés
du foin de fe faire valoir réciproquement,
& que fans cette attention continuelle ils
manquent leur but. Si le Muficien eft doué
d'une imagination féconde, s'il a des idées
vaftes & fublimes, le chant lui eft ouvert
dans les fêtes, il peut y développer toute
l'étendue de fon génie. Mais s'il ne s'attache
pas à donner aux paroles & aux fentimens
qu'elles expriment tout l'agrément, tout
l'intérêt & toute la chaleur dont elles font
fufceptibles, on penfera avec raifon qu'il néglige la partie la plus effentielle de fon
art.

Un Muſicien qui n'eſt pas inſpiré par de beaux Vers, par des Scenes bien liées, par des ſituations bien développées, dédaigne bien-tôt de concourir avec le Poëte, & prétend réunir ſur la Muſique l'attention du public. Au lieu d'occuper fortement le ſpectateur du ſujet, il marche ſeul le plus ſouvent qu'il peut, & croit ſuffire à tout par ſon génie. Chez les Italiens le Poëme eſt la chaîne qui lie les Ariettes les unes aux autres; pour le compoſiteur François mal ſecondé par la Poëſie ou trop ambitieux, la Scene n'eſt plus qu'une occaſion d'amener les fêtes, où le Muſicien plus à ſon aiſe déploie toutes ſes richeſſes avec complaiſance. Le Balet devient l'objet principal du ſpectacle, le dialogue en eſt l'acceſſoire, le public indulgent pour un défaut dont il réſulte quelques plaiſirs piquans & nouveaux, ne peut ſe refuſer à l'éloge de la muſique. Il encourage ces mépriſes par des applaudiſſemens dangereux. Le Muſicien qui veut plaire continue de négliger le fond du ſpectacle, & d'orner avec excès les choſes moins eſſentielles. On continue d'admirer. Mais inſenſiblement l'intérêt diminue, peu à peu il s'évanouit tout-à-fait. Avec l'intérêt s'évanouit auſſi la foule des Spectateurs; & de forts beaux Opéras faits ſur ce modéle ſe

ſuccedent

fuccedent avec rapidité fans pouvoir fixer long-tems l'attention du public.

Après bien des réflexions, des recherches & des tentatives ; après avoir effayé de nouvelles routes, au hafard même de s'égarer, on fe trouvera toujours forcé d'en revenir au fyftême François. Il eft fondé fur ce principe inconteftable, que l'intérêt qu'on prend à l'action théatrale eft de tous les mouvemens de l'ame le plus agréable, de tous les plaifirs le plus vif, de tous les amufemens celui qui eft conftamment à la portée du plus grand nombre des Spectateurs ; en même tems celui, qui par la nature des chofes, a plus de tenue, & s'ufe moins vite que tous les autres.

Un Muficien habile qui par malheur n'auroit en fa difpofition que des Poëmes médiocres, feroit cent fois mieux de mettre en mufique ceux de Quinaut, ou d'autres qui fuffent bons, en ne touchant pas aux récitatifs bien faits, que de dénaturer le genre François en compofant fur des paroles foibles ou fur des Poëmes trop raccourcis. L'intérêt eft l'ame du fpectacle François, & pour nous point d'intérêt fans de bonnes paroles.

Les François paroiffent exiger à préfent une mufique fupérieure à celle qu'on leur

C

donnoit il y a long-tems dans la partie inftrumentale , & même dans les airs détachés
dont les fêtes font embellies. Ils ont raifon.
Ce defir eft l'effet d'un fentiment très-jufte
qui leur infpire qu'on peut faire mieux encore qu'on n'a fait autrefois. On auroit tort
de croire que nôtre Mufique foit arrivée au
dernier degré de perfection dont elle eft fufceptible. Mais les Muficiens auroient encore plus de tort , s'ils s'appliquoient de
préférence aux airs de violon ou aux airs
détachés , & s'ils négligeoient leur récitatif.
On eft flaté de faire de nouvelles acquifi-
tions , on feroit très-faché de renoncer aux
anciennes poffeffions. A l'égard des airs détachés , on ne peut s'empêcher de dire en
paffant qu'il y a de la différence entre embellir le genre & changer le genre. Les Muficiens du premier ordre font feuls capables
de fentir la vérité de cette obfervation fur laquelle on s'étendra davantage dans un autre
ouvrage.

## VI. PROPOSITION.

Le plan de l'Opéra François eft fort fupérieur au plan de l'Opéra Italien ; il remplit infiniment mieux que ce dernier l'idée
d'un fpectacle régulier , magnifique &
complet.

Les hommes fenfibles aux charmes de la Poéfie & de la Mufique, ont imaginé de réunir ces deux Arts pour augmenter le plaifir que chacun d'eux leur faifoit éprouver féparément. Tel eft à peu-près l'origine de l'Opera.

Ces Arts, ainfi que les autres, plaifent par l'imitation de la Nature : les images des paffions & des mouvemens de l'Ame, font toujours accompagnées d'un fentiment très-agréable, foit qu'une touche fiere donne beaucoup de force à cette peinture, foit qu'un pinceau léger & délicat en adouciffe les traits. Le langage de la Mufique eft vague, mais il eft plein de feu & de chaleur : le langage de la Poéfie eft clair & précis, mais il eft fouvent moins animé que ne le demandent les fentimens & les paffions qu'elle doit exprimer. On a donc réuni les deux Arts dans l'idée de communiquer aux paroles du Poëte toute la chaleur dont la Mufique eft fufceptible.

Telle eft l'idée fimple & primitive fur laquelle les François ont travaillé : ils ont penfé que les Vers lyriques, faits pour être chantés, devoient différer, en beaucoup de chofes, des Vers tragiques deftinés à faire leur effet à l'aide de la feule déclamation. C'eft par cette raifon qu'ils ont évité dans

le lyrique les tournures trop complettes ,
les penſées trop profondes & trop réflé-
chies , les expreſſions trop énergiques ; perſuadés que , ſi le Poëte diſoit abſolument
tout ce que le ſujet comporte , le Muſicien
n'auroit en quelque ſorte plus rien à dire.
Ils ont encore évité avec la même attention les longues diſcuſſions morales & po-
litiques , dans la crainte que la Muſique n'af-
foiblît la vraiſemblance d'un tel dialogue.
Ils ont recherché avec ſoin les graces & l'é-
legance du ſtyle ; ils ont employé le ton
du ſentiment & de la noble ſimplicité , afin
que les Vers faits ſur ce modele puſſent recevoir , par le ſecours de la mélodie & de
l'harmonie , une expreſſion plus vive , plus
touchante & plus reſſemblante au cri de la
Nature que celle dont ils pouvoient être
animés par la ſimple déclamation.

Il ſuffit de ſe rappeller les meilleurs ouvrages de Racine & de Quinaut , pour ſe
convaincre de la vérité de cette obſerva-
tion , & de l'extrême différence établie depuis long-tems parmi nous entre le genre
tragique & le genre lyrique. Cette remarque a été faite il y a long-tems par un homme de beaucoup d'eſprit , & n'eſt pas nouvelle. Mais ce n'étoit pas aſſez d'avoir facilité à la Muſique les moyens de faire valoir

la Poéfie, en trouvant le ftyle le plus favorable à l'union parfaite des deux Arts, il
falloit encore lier au Poëme tous les ornemens qui pouvoient donner de la magnificence au fpectacle. Dans cette vuë les Poëtes François ont cherché les occafions de
changer fouvent le lieu de la Scene, & fe
font impofé la loi d'amener dans chaque
Acte des fêtes, qui, non-feulement doivent tenir effentiellement au fujet, mais
qui, le plus fouvent, forment elles-mêmes
une chaîne qui lie les unes aux autres les
différentes parties de l'action.

L'excellence du plan François paroît con-
fifter dans cette divifion du Poëme en dialogue & en fête. Le dialogue doit occuper
fortement le Spectateur; c'eft un plaifir férieux : la fête eft un repos, un paffage à des
plaifirs d'un nouveau genre, qui doivent
amufer le Spectateur fans jamais le diftraire
du fujet : le dialogue n'eft fufceptible que
d'une feule beauté, il doit intéreffer. La
fête eft fufceptible de toutes les beautés
théatrales & muficales poffibles. Rien de ce
qui peut plaire ne lui eft étranger.

L'Opera Italien offre un plan de fpectacle tout-à-fait différent : cet Opera n'eft autre chofe qu'une véritable Tragédie écrite
avec toute la force dont l'Auteur eft capa-

ble ; c'eſt un ouvrage très-ſérieux , ordinaï-
rement fort triſte : le Poëte peu ſcrupuleux
ſur la regle des unités , tranſporte aſſez ſouvent d'un endroit à l'autre le lieu de la Scene ; ce qui produit quelques changemens
de décoration ; mais d'ailleurs il ne lie à ſon
ſujet aucune fête : ſa compoſition n'eſt em-
bellie ni par des morceaux de Poéſie détachés , ni par des Chœurs , ni par la Danſe ,
ni par la Muſique inſtrumentale : toujours
dans l'inquiétude & dans la méfiance de ſes
forces , il eſt auſſi ſerré dans ſa marche &
dans ſon ſtyle , que s'il ne comptoit que ſur
le ſecours de la déclamation. La ſeule attention qu'il ait pour le Muſicien , eſt de
laiſſer à la fin de chaque Scene le Madrigal
dont nous avons parlé ; de ſorte que le Poëme de cet Opera eſt exactement une Tragédie de Corneille ou de Racine , à laquelle
on auroit ajouté à la fin de chaque dialogue
ou de chaque monologue des Madrigaux
qui feroient le ſujet de l'ariette.

Ce plan eſt très-défectueux : premierement, un ſujet ſi grave, un ton ſi ſérieux ,
jetteroit le Muſicien dans le plus grand em-
barras , s'il ne prenoit le parti de tracer va-
guement la déclamation du dialogue. En
ſecond lieu , le Muſicien n'ayant d'autre
reſſource pour déployer les richeſſes & les

beautés réelles de son Art, que de chanter avec emphase le Madrigal, est presque forcé de couper, par des ornemens déplacés, le fil du dialogue & la chaîne de l'action. Voilà, comme on l'a déja dit, une premiere cause des défauts de l'Opera Italien; ils tiennent en partie au vice du plan : le Madrigal en lui-même est de mauvais goût; il est insoutenable dans un sujet héroïque & sérieux. Le retour éternel des Madrigaux déplaît & dégoûte par l'uniformité de leur marche. C'est une faute impardonnable d'avoir exposé le Musicien à la tentation d'interrompre à tout moment l'action du Poëme pour orner des hors-d'œuvres superflus; c'est une plus grande faute d'avoir mis le Spectateur dans la nécessité d'oublier à chaque instant le sujet, pour ne s'occuper que des beautés passageres de la Musique.

Le Poëte François, toujours attentif à l'effet total de son ouvrage, choisit le genre le plus propre à faciliter au Musicien les moyens de rendre avec agrément les beautés du dialogue : il se livre presque toujours au merveilleux qu'il croit plus favorable à la Musique que le genre purement héroïque. Il introduit sur la Scene la Magie, la Féerie, les Héros de la Fable, tous les Peuples du monde, tous les Dieux de l'anti-

C iiij

quité, afin de préparer de loin les occasions de faire briller le Musicien. C'est dans les fêtes qu'il cherche à lui donner de nouvelles facilités de déployer ses talens & son génie, sans que l'effort auquel il se livre alors puisse affoiblir l'effet principal qui doit résulter des travaux réunis des deux Artistes.

L'Opera François est un tout régulier, dont toutes les parties sont intimément unies & subordonnées les unes aux autres : l'exécution pourroit être médiocre de la part du Poëte, du Musicien, des Acteurs, des Danseurs, ou du Décorateur, sans qu'il cessât d'être le spectacle le plus magnifique & le mieux imaginé qu'il y ait au monde. Il auroit toujours pour lui le mérite du plan.

L'Opera Italien ne présente que l'assemblage d'un petit nombre d'Arts qui paroissent jaloux les uns des autres & fâchés d'être ensemble. Le Poëte toujours borné au style héroïque, tragique & sérieux, souvent guindé dans ses expressions, prolixe & diffus dans ses raisonnemens, n'est point occupé des moyens de faire valoir les talens du Musicien ; il lui destine des pensées fades, puériles & frivoles qu'il dédaigneroit de faire réciter à des Acteurs. Le Musicien interrompt à tout moment l'action du

Poëte, la laiſſe languir, l'anéantit enfin par les embelliſſemens qu'il accumule ſur ce qu'on a laiſſé à ſa diſpoſition. Le Chanteur lui-même, eſclave naturel de la modulation & de la note, ſaiſit avec empreſſement toutes les occaſions de briller ſeul, & de faire parade de ſon talent par des hors-d'œuvres inſoutenables dans une action théatrale, & qui ne peuvent plaire que parce qu'on eſt convenu de les admettre pour les intérêts de l'oreille auxquels on ſacrifie ſans retour ceux de l'action.

On nous a dit très-autentiquement que nous n'avions point de Muſique, & que nous n'en aurions jamais : nous pouvons répondre avec cette honnête aſſurance que donne la vérité, que les Italiens n'ont point d'Opera. Le ſpectacle qu'ils honorent de ce grand nom, n'eſt qu'une Tragédie bonne ou mauvaiſe, miſe en pieces, & défigurée d'un bout à l'autre par un Muſique très-bonne en elle-même, relativement très-mauvaiſe, parce qu'elle eſt preſque toujours deſtructive des penſées & des ſentimens raiſonnables auxquels elle eſt unie.

L'Opera eſt un genre de ſpectacle très-différent des autres, & qui a ſes loix particulieres. Il n'y a dans l'Europe qu'un ſeul Opera, c'eſt l'Opera François : ce ſpecta-

cle , lorſqu'il remplit toutes les conditions
que le genre exige , réunit le plaiſir du
cœur , des oreilles & des yeux. C'eſt un aſ-
ſemblage précieux de ce que les Arts ont
de plus flateur ; de ce que les talens ont de
plus brillant ; de ce que le goût du plaiſir
peut offrir de plus délicat ; de ce que la ſen-
ſibilité peut éprouver de plus tendre ; de ce
que le Théatre eſt capable de préſenter de
plus magnifique aux yeux du Spectateur ,
& de plus varié dans tous les genres d'amu-
ſemens.

Concluons que l'Opera Italien eſt un
ſpectacle médiocre , tranchons le mot , car
il ne faut tromper perſonne , un mauvais
ſpectacle , dont la Muſique eſt ſouvent fort
belle ; & l'Opera François un ſpectacle
magnifique , admirable , dont la Muſique
paroît médiocre & ne l'eſt pas.

## VII. PROPOSITION.

La compoſition d'un Opéra François exige
de la part du Muſicien un travail beaucoup
plus conſidérable que la compoſition d'un
Opéra Italien.

Le compoſiteur François doit être né avec
une délicateſſe exquiſe de ſentiment , pour
bien ſaiſir toutes les nuances des mouvemens

de l'ame qu'il exprime, & pour les rendre avec
la plus grande précision. Il faut qu'il mette
beaucoup de justesse & de noblesse dans le
récitatif; qu'il sache se soutenir dans les autres parties de son ouvrage à force de fécondité, d'élévation & de chaleur. Des talens
si différens se rencontrent rarement ensemble
& paroissent s'exclure. L'Opéra François
embrasse la Musique dans toute son étendue,
la vocale & l'instrumentale; deux genres que
les Grands-maîtres de l'art regardent comme
tout-à-fait opposés. Chacun de ces genres
se subdivise presque à l'infini dans le même
ouvrage. Il faut traiter à la fois l'Héroïque,
le Merveilleux, le Pastoral, le Leger, le
Galant, le Tendre, le Terrible, de maniere que pour suffire à tout ce qu'exige un
seul Opéra François, l'artiste auroit besoin
d'avoir à ses ordres un génie universel. Il
n'est pas étonnant que le compositeur gêné
dans sa marche, forcé de courir après la véritable expression de bien des choses qui
n'ont pas un caractere décidé, ou qui ne
sont susceptibles d'aucune variété bien sensible, ait épuisé son génie, & succombé
quelquefois sous le poids énorme d'un si prodigieux travail.

Si l'on avoit bien pesé toutes les difficultés
d'une telle entreprise, peut-être eût-on bien

fait d'en partager l'immenſité entre deux artiſtes, dont l'un ſe feroit chargé du Dialogue, & l'autre auroit compoſé les chœurs,
les airs détachés, les ſymphonies, & prefque tout le détail des fêtes. C'eût été vrai-
ſemblablement le moyen le plus ſûr d'accé-
lérer les progrès ſi deſirés de notre Muſique,
& d'en multiplier les beautés.

Un ſi grand nombre de difficultés accu-
mulées les unes ſur les autres, ſont la
raiſon pour laquelle la compoſition d'un
Opera François eſt un travail pénible &
rebutant, qui demande des années entieres.
Il n'en eſt pas de même de la compoſition
d'un Opera Italien. C'eſt un ouvrage plus
facile. Trois ſemaines, un mois, ou ſix ſemaines au plus, ſuffiſent pour traduire le
Poëme en muſique, & pour monter tout
l'Opera. Le récitatif donne peu de peine
au Muſicien. Il fait la plûpart des ariettes
dans ſes momens de loiſir, les a dans ſon
porte-feuille, & n'eſt jamais embarraſſé des
moyens de les coudre au premier Poëme
qu'on lui préſente.

S'il faut exprimer les regrets d'un pere
tendre & d'un Conſul inflexible qui vient de
condamner à la mort un fils chéri; ſi dans
l'excès de la douléur qui le tranſporte, ce
pere malheureux croit voir les terribles Eu-

menides & l'ombre de fon fils qui l'appellent aux enfers , le menacent , & lui repro-
chent fa cruauté , le Muficien trouvera dans
fon porte-feuille , fi dégarni qu'il foit , une
ariette qui ira fuffifamment bien avec ces paroles , & dont tout le monde fera fort content.

S'il eft queftion de peindre la gayeté in-
difcrete d'une foubrette intrigante qui , dans
la premiere vivacité du plaifir que lui donne
le fuccès de fes artifices , badine aux dépens
d'un vieux maître qu'elle a forcé de devenir
mari , & plaifante des aventures de toute
fa famille , la même Mufique rendra encore
à merveille cette idée , fans être obligé d'y
changer une feule note , & fans en altérer le
mouvement *.

Cependant , comme cette Mufique , que

* *Veggo un'ombra, che or-*    *Ma vedete che donna e mai*
   *ribil fevera*      *queftu ?*
*Mi fpaventa, m'infulta, e mi-*   *Fra le nozze fi fdegna e minac-*
   *naccia :*      *cia,*
*E l'imago d'Aletto, o Megera ?*   *Ed allor che dorreble far fefta*
*Nò... è il mio figlio, che ognor*   *Si difpera, e al cognato rinfac-*
   *mi rinfaccia*      *cia*
*La fua morte, e la mia cru-*   *Barbotando la fua crudelta.*
   *deltà.*
Titus Manlius , tragéd. acte    Les Voyageurs , comédie,
III. fc. 10. Mufique com-    acte III. fcene derniere.
pofée par le fieur Manna
Napolitain.

Ces deux idées fi difparates ont été rendues par la même

tout le monde connoît, a un caractere pref-
qu'ineffaçable de gayeté, on penfe bien que
pour exprimer, au moins pendant quelques
inftans, un mouvement affreux de l'ame qui
paroît être le dernier degré du defefpoir
dont l'humanité foit capable, elle avoit befoin d'être puiffamment aidée par l'intelligence fupérieure du Chanteur, qui dans ce
moment ne crioit pas la note, mais qui la
traînoit & qui l'étouffoit de fon mieux; car
dans toutes les chofes de ce monde il faut un
peu aider à la lettre, *ogni paëfe patria*. Lorfque l'acteur fait ce qu'il peut & fe prete de

Mufique. La premiere à Rome, fur le Théatre d'Argentine,
en 1742; & la feconde à Paris, en 1754.
Cette ariette eft fameufe en Italie, où elle a beaucoup
réuffi, & c'eft la raifon pour laquelle on nous l'a citée comme
un modele de belle expreffion tragique. Jamais éloge ne fut
moins mérité; la Mufique en eft jolie, mais elle préfente d'un
bout à l'autre l'image de la gayeté la plus vive. Toutes les
peines que fe donnoit le Sieur Babi, celui de tous les Chanteurs qui l'a exécuté avec le plus d'applaudiffement, n'abou-
tiffoient qu'à mettre une contradiction choquante entre fon
chant & fes gefticulations forcées. En dépit de toute fon ha-
bileté dans l'art de transformer la note, cette Mufique infpi-
roit perpétuellement la joie, & dans tout cela il n'y avoit
rien de tragique pour les Italiens eux-mêmes, excepté les
magnifiques attitudes du Chanteur & les fuperbes tableaux
de fon jeu muet dont ils étoient fort enthoufiafmés. Il en eft
à peu-près de même des autres ariettes qu'on nous donne
pour être fi juftes dans leurs expreffions & fi étoffées de
fentiment. On en peut juger par celle-ci, & on les jugera
bien. A force de chercher, on en trouvera qui auront ce mérite, mais c'eft une fur deux mille, & d'ailleurs ce ne font
jamais celles auxquelles le Public d'Italie fait le plus d'ac-
cueil.

bonne grace, il eſt peut-être juſte que le
ſpectateur ſe prete auſſi. Ce grand principe
de complaiſance réciproque eſt aſſûrément
mieux connu & plus ſouvent pratiqué en.
Italie que par-tout ailleurs.

Ainſi le compoſiteur qui ſe repoſe ſouvent
ſur le talent & ſur la bonne volonté des
chanteurs, du ſoin de rendre avec quelque
vraiſemblance les ſituations les plus intéreſſantes du Poëme, eſt toujours à ſon aiſe, &
n'eſt jamais embarraſſé par la difficulté de
trouver l'expreſſion juſte des paroles, ni
par celle de ſoumettre ſon art aux bienſéan-
ces des tems, des circonſtances & des caracteres. L'Egliſe & l'Opera ſont tout un pour
lui. Les paroles du Prophete, comme les
Vers de Metaſtaſe, tout ſe prete également
bien à ſes idées ſingulieres, tout ſe plie à
ſon génie vraiement original ; tout cede à
ſon entouſiaſme toujours muſical & jamais
poëtique.

Dans les morceaux qui demandent le plus
de ſujétion, ou plûtôt lorſqu'il veut bien
s'aſſujétir pour quelques momens, il lui
ſuffit de donner dans le motif une expreſſion
générale du ſujet & de la paſſion qu'il traite.
A lui permis de ſe livrer enſuite à toutes les
idées acceſſoires qui ſe preſentent. Il peut
jouer les mots, abandonner le ſentiment,

multiplier les images, être au-delà du vrai,
y revenir, badiner chemin faisant; il a sur
tout cela carte blanche, tout est bon, tout
est admirable, pourvû qu'il soit fertile,
plein de chaleur, abondant en saillies; qu'il
exerce beaucoup l'esprit en voltigeant sans
cesse d'un objet à l'autre, & que sur toutes
choses il surprenne, il étonne de tems en
tems ses auditeurs par des traits isolés & frap-
pans d'imagination, d'autant plus piquans &
plus agréables, qu'on s'y attendoit moins.
Traits heureux! Traits charmans! mais sé-
duisans & trompeurs, & qui, dans la Musique comme en Littérature, sont presque
toujours ennemis mortels du sentiment ou de
la saine raison. Tel est le goût dominant de
la Nation, tel est le penchant naturel des
habitans d'un pays dans lequel, pour s'au-
toriser d'un exemple très-analogue à la Musique, on préfére les disparates ingénieuses
de l'Arioste aux productions majestueuses,
élégantes & soutenues du Tasse.

Ce dernier Poëte presque toujours juste
& décent dans ses expressions, noble ou galant dans ses tableaux, mesuré dans sa marche, régulier dans son plan, possede au
plus haut degré l'art enchanteur de passion-
ner son lecteur en faveur des personnages
qu'il introduit. L'*Arioste* dont l'imagination
fougueuse

fougeufe entaffe les aventures , les prodi-
ges , les héros & les épifodes ; perd à tout
inftant fon objet de vûe ; fe jette par fon exceffive fertilité dans des labyrintes , dont
cependant il fe démêle à merveille ; & bien
loin d'intéreffer à fes perfonnages , ne ceffe
d'avoir le ton d'un homme qui fe divertit
également aux dépens de fes héros & de fes
lecteurs.

En France, le Taffe auroit réuni tous les
fuffrages ; en Italie, il a médiocrement balancé la gloire de fon rival , & la fupériorité
de l'Ariofte a été autentiquement décidée
par un tribunal refpectable. L'on eft cependant tenté de croire que le goût national a
eu plus de part à cette préférence que les
beautés du ftyle qui en ont été le prétexte ;
& que ceux qui, parmi nous , fe font rendus les échos de cette fameufe décifion , ont
eu fans doute leurs raifons pour tâcher d'en
faire adopter en France les principes apparens.

Dans cette Scene touchante qui repréfen-
te Saint Jerôme au lit de la mort ; dans ce
beau tableau qui a décidé la réputation du
Dominicain, on apperçoit vers le ciel un
groupe de petits anges qui applaudiffent aux
victoires que le Saint remporte fur les foi-
bleffes humaines , & qui s'empreffent de

D

recevoir l'ame du mourant. Le Peintre a
jetté sur ces enfans tant de graces & de gen-
tillesse, qu'on ne peut s'empêcher d'être un
peu surpris du contraste que fait l'agrément
de l'épisode avec le sujet lamentable du tableau *. Les arts Italiens se permettent continuellement des licences plus extraordinaires. Ces femmes demi-nues, ces nourrices
éternelles, ces jeux d'enfans qu'on retrou-
ve dans tous les tableaux du Paul Veronese
& des autres, à côté des actions les plus
imposantes & les plus majestueuses du Sau-
veur, partent de la même source. La regle
qui ordonne de se renfermer exactement
dans son sujet, n'est pas une regle Italienne.
Les Italiens, dont l'imagination est plus vive
que la nôtre, font grace à tout en faveur des
traits & des saillies qui tiennent à la qualité
dominante de leur esprit.

Les François, plus froids & plus consé-
quens, ont imposé à leurs artistes des loix
plus rigoureuses. Tout art dont le but est de
plaire au Public, doit s'assujettir en France
à la justesse du sentiment, aux bienséances
relatives, à la décence & à la noblesse de
l'expression, dont les François sont esclaves.

***

* L'original de ce magnifique Tableau est à Rome, dans
l'Eglise de S. Jerôme de la Charité. La copie exécutée en
mosaïque, a été placée dans l'Eglise de S. Pierre.

C'eſt le caractere national qui a donné des loix à l'Opera François, & qui a exigé que la Muſique exprimât les paroles avec la plus ſcrupuleuſe exactitude. Ainſi l'artiſte François a été obligé de vaincre dans cet ouvrage bien des difficultés que n'ont point eu les Italiens. Il a traité les deux genres, il a chanté une langue moins muſicale ; il a compoſé ſans oſer ſe permettre aucune licence, & ſans pouvoir eſpérer des Spectateurs la moindre grace ſur les plus petites négligences.

### VIII. PROPOSITION.

Il eſt plus difficile de bien chanter le François que de bien chanter l'Italien.

Le Chanteur François n'a pas été moins gêné que le Compoſiteur. Avec de la voix, de l'oreille & du ſçavoir en Muſique, on chante très-bien l'Italien, parce que tout ſe réduit eſſentiellement pour le Chanteur à une certaine élégance d'exécution, & qu'il y a cent façons différentes d'atteindre au même but.

La ſcience & la voix ne ſuffiſent pas pour bien chanter le François ; il faut un goût naturel, c'eſt-à-dire, une parfaite intelligence de la force des paroles, du caractere

de la Mufique qu'on exécute, & de la meilleure maniere dont il foit poffible de concourir avec le Poëte & avec le Muficien,
car le fyfteme François eft un fyfteme d'u-
nion; ce n'eft jamais que par la liaifon parfaite des penfées poétiques des idées muficales & des graces de l'organe, que l'effet
total eft produit. Il faut que le François
chante en paroiffant parler. L'art lui fournit
des reffources médiocres, prefque rien ar-
bitraire dans fes moyens. Il eft jugé fur une
matiere dans laquelle tous les hommes font
à peu-près également bons juges. Son but
eft de toucher: il doit donc fe pénétrer de
la penfée ou du fentiment qu'il faut exprimer au point d'en faifir le langage vrai, &
d'en donner la nuance jufte. Alors l'illufion
eft parfaite, le but eft rempli, & l'art eft
d'autant plus fublime qu'il eft caché.

L'Italien montre tout fon art à découvert,
il affecte même d'en montrer beaucoup.
C'eft fa gloire; il a raifon. Son but eft d'a-
mufer & de plaire, en excitant l'admiration.

Le François doit être tellement maître de
fes fons, que la façon dont il paffe de l'un
à l'autre, dont il les foutient, les augmente
ou les diminue, produife & détermine l'impreffion qu'il veut communiquer. C'eft pref-

que le feul moyen qu'il puisse employer pour réussir; & sa voix, pour y répondre, doit être un organe d'une force & d'une égalité parfaite dans toute son étendue.

L'Italien prend un chemin tout-à-fait différent : c'est moins par la force & par la beauté des sons que par la facilité des mouvemens & par la justesse de la voix, qu'il prétend arriver à son but. Quel que soit l'avantage physiquement attaché à la force de l'organe pour ébranler l'ame du Spectateur, il néglige ce mérite trop simple, il affoiblit la voix par art & par artifice. Moins elle dépense d'air, plus elle est capable de l'exécution qu'il en exige. Elle doit devenir pour lui un instrument qui puisse se porter à tout, s'étendre à tout, remplir avec une parfaite égalité tous les intervalles & tous les mouvemens possibles. C'est par sa légereté, par sa justesse, par sa flexibilité, & sur-tout par sa volubilité prodigieuse, qu'il faut qu'elle opere ses plus grands effets. Elle doit, à l'imitation de l'éclair, présenter au Spectateur mille & mille tableaux, & ne s'arrêter sur aucun.

Une exécution variée à l'infini & pleine de génie, une tournure agréable toujours nouvelle, toujours ingénieuse, toujours piquante, doit faire le caractere de son chant :

ce Muſicien ne peut être trop ſçavant ; mais il lui ſuffit à la rigueur d'être ſçavant, & d'avoir l'oreille excellente. C'eſt la ſcience & l'oreille, & non le goût *, qui rendent ce Chanteur ſi formidable à l'Orqueſtre dont il eſt le tyran, par la facilité avec laquelle il fait, quand il veut, dans la valeur des notes, des changemens imperceptibles, qui ſans altérer la meſure, en rendent les différentes parties inappréciables à tout autre qu'à lui-même **.

* Le goût du chant, relativement à nous, paroît être le juſte rapport des graces de l'organe avec les idées muſicales & les penſées poétiques. Il eſt certain que les Chanteurs Italiens ne ſe piquent pas d'avoir ce goût-là.

** Ces changemens, dans les différentes parties de la meſure & dans la meſure elle-même, ſont opérés quelquefois très-involontairement par les Chanteurs. A force de chercher de nouveaux traits, de nouvelles penſées, & de mépriſer ſouverainement la trop grande ſimplicité de la note écrite, il arrive de tems en tems qu'ils ſe trouvent à une diſtance prodigieuſe de l'Orqueſtre. On a eu grand ſoin de nous dire que les Muſiciens d'Italie étoient ſi habiles & ſi fermes dans la meſure, qu'on ne la battoit jamais à l'Opera. Le fait eſt vrai. Les Inſtrumens exécutent avec beaucoup de préciſion ; les Chanteurs, qui paroiſſent en fort petit nombre ſur le Théatre, ſont fort bons Muſiciens. Il y a toujours à la tête de l'Orqueſtre un premier Violon, homme excellent, grand connoiſſeur en ſaillies, qui a le talent de les deviner de fort loin, la patience de les ſuivre avec une réſignation parfaite, & dont les inſpirations ſervent à guider les autres Inſtrumens. Mais on ne nous a pas dit que malgré ces avantages, le Maître de Chapelle, Compoſiteur de l'Opera, qui tient toujours le Claveſſin, eſt quelquefois ſi deſeſpéré de la marche irréguliere des uns & des autres, que

Le François, persuadé qu'il n'y a qu'une seule bonne façon de chanter ce qu'on a confié à son talent, a besoin, pour en approcher le plus près qu'il est possible, d'une qualité qui ne s'acquiert jamais. Son exécution doit marcher par des routes si peu sensibles, qu'on puisse oublier l'art & le méconnoître. Une expression noble, mais éloignée de toute élévation gigantesque, aisée, mais ennemie de toute espece de liberté, toujours vraie, toujours soutenue, toujours simple en apparence, & qui n'offre jamais que les différentes parties d'un même tout, paroît faire le caractere essentiel du chant François.

L'Italien chante supérieurement la note, le François chante sa langue. Ce dernier récite de beaux Vers tous faits, on ne lui fait aucune grace sur sa déclamation. L'Italien est un improviseur qui remplit des bouts ri-

pour les remettre ensemble, il se leve & se rasseoit cent & cent fois avec une vivacité étonnante, & qu'il frappe avec tant de violence sur les claviers, qu'avant la fin de l'Opera il brise une bonne partie des sauteraux & casse la moitié des cordes. On a vû des Clavessins, tenus par Jomelli & par d'autres, être si délabrés après une seule représentation, que ne pouvant être remis en état en moins de trois ou quatre jours, on étoit obligé de substituer un autre Clavessin pour le lendemain. Notre bâton est un bâton tout simple ; le bâton Italien est la chûte foudroyante des deux mains sur le clavier.

més; on lui permet toutes les licences qu'il veut prendre, pourvû qu'il soit abondant, plein de feu, & qu'il rende avec agrément des penfées brillantes. Il feroit injufte de lui en demander davantage.

L'efpece de chant particulier aux Italiens a fait naître chez eux un goût d'accompagnement affez peu connu parmi nous. On a reproché aux François de ne point entendre ce que veulent dire le *piano* & le *forte* des Italiens. Il eût été plus utile d'expliquer la véritable idée attachée à ces mots. On penfe donc que les François fe confiant au volume de la voix, à l'articulation fenfible, & lente des tons qu'elle prononce, à la continuité moins interrompue de l'impreffion qu'elle donne, ont employé pour faire valoir le fujet, d'abord des notes, qui dans leurs accords principaux renferment celles que dit la voix, enfuite de petits deffeins peu différens du fujet; enfin des imitations & des deffeins plus foutenus, plus libres, plus variés, & qui ont paru à certains égards croifer la partie du chant, fans qu'il en réfultât un effet abfolument mauvais : quelquefois même cette hardieffe a fortifié l'impreffion toujours fupérieure & dominante d'un organe qu'on développoit dans toute fa force & dans toute fon étendue.

L'Italien qui employoit un instrument plus flexible que fort, qui vouloit que cet organe pût fournir à la multiplicité des traits dont il chargeoit sa Musique, a senti qu'une voix si foible & si légere qui devoit porter ses prétentions jusqu'à disputer aux Instrumens ordinaires la gloire d'une exécution difficile, avoit besoin pour faire quelque effet d'être puissamment secondée. Ainsi, pour suppléer à ce que cette volubilité pouvoit avoir en soi de vague & de confus, pour aider à la distinction des phrases musicales, l'Orquestre a subi la loi de ne perdre jamais de vûe l'idée du chant, de le suivre pas à pas, & de marcher par *ondulation*, en passant continuellement du fort au foible, & du foible au fort. Telle est, à ce qu'on croit, l'idée du *piano* & du *forte* dans le chant Italien. C'est ce qu'on appelle encore le *chiaro oscuro*; parce qu'en Musique comme en Peinture, c'est l'art de placer les ombres & les teintes de maniere à détacher toutes les parties de la composition, en faisant valoir les objets & les couleurs par leur opposition & leur dégradation. Cette ondulation quelquefois simultanée, plus souvent alternative entre l'Orquestre & la voix, met de l'ordre dans les phrases, remplit les vuides, détache les passages les uns des autres; & par une magie singuliere, en conservant à la voix une supériorité marquée sur les Instrumens, & en l'unissant parfaitement avec l'Orqueftre, donne à l'exécution générale un feu prodigieux.

Le *chiaro scuro* de l'accompagnement étoit pour les Italiens un art absolument nécessaire, il peut devenir pour nous une perfection de plus & une source de nouvelles beautés.

## IX PROPOSITION.

Jufqu'à préfent le Public François a eu raifon de redouter les mouvemens impétueux & les vices contagieux de la Mufique vocale des Italiens.

Sans prétendre ici traiter cette queftion dans toute l'étendue dont elle eft fufceptible, on fe contentera de faire quelques réflexions préliminaires fur les reproches que l'on a faits à notre Opera, à notre Mufique & à nos Muficiens.

Tandis que les Italiens, nous dit-on, perfectionnoient leur Mufique, & s'ouvróient des routes nouvelles, les François marchoient refpectueufement fur les traces de Lulli, & ne fongeoient qu'à mériter l'éloge d'avoir approché des talens de cet hom-

me de génie. Rien n'étoit capable de de-
tourner leurs regards toujours fixés fur le
même objet ; & malgré l'admiration de
l'Europe entiere pour les Muficiens d'Italie, ils s'opiniâtroient à ne rien voir au-delà de ce qu'avoit exécuté dans tous les genres de Mufique, un homme qui leur avoit
donné les premieres idées de l'Art.

Un habile Muficien effaya, il y a une tren-
taine d'années, de préfenter au Théatre,
dans un Opera de fa compofition *, des
beautés muficales d'un goût nouveau, &
d'un genre plus élevé que notre routine ordinaire ; le Public François s'obftina à con-
ferver fes anciennes préventions, & l'Opera
ne fut point goûté.

Un Muficien du premier ordre a effuyé
parmi nous des contradictions fans nombre, parce qu'il a voulu élever nos idées,
varier fes chants, mettre plus de chaleur &
de force dans fes expreffions ; fortir enfin
d'une certaine monotomie fade & ennuyeu-
fe qu'on nous reproche avec raifon. C'eft
le même qui a changé l'allure ordinaire des
ouvertures de nos Operas ; ce morceau de
fymphonie doit annoncer un grand fpectacle, il ne fçauroit être trop impofant ni trop
magnifique : il étoit ridicule que toutes les

---

* Polidore, Opera compofé par le fieur Baptiftin.

ouvertures prétendissent à l'uniformité, & parussent jettées dans le même moule. Les varier n'étoit pas un crime, cependant le Public cria beaucoup contre cette nouveauté ; il étoit persuadé que de changer le moins du monde ce qui avoit été indiqué par Lulli, étoit une faute capitale contre le bon goût.

Cette façon de penser a dû retarder parmi nous les progrès de la Musique : il est vraisemblable qu'on ne connoît point encore toutes les beautés dont la Langue est susceptible ; elle ne se refuse ni aux graces du chant, ni aux plus brillans embellissemens de cet Art enchanteur. On a vaincu les plus grandes difficultés, puisque l'on est parvenu à chanter la Scene de façon à faire plaisir aux Spectateurs. Le sentiment est ici le vrai juge : Lulli, soutenu par de bonnes paroles, a plu & plaît encore à tous les François de bon goût ; la difficulté est donc surmontable, puisque Lulli l'a surmontée. D'autres la vaincront à leur tour, & feront mieux encore s'ils ont du génie. Mais il ne suffisoit pas de toujours chanter la Scene dans le goût de Lulli, il falloit tâcher de trouver une nouvelle déclamation chantante plus approchante de la prosodie nationale ; il falloit mettre plus de fécondité & plus de

sublimité dans la peinture des grands mouvemens de l'ame, des desseins plus élevés
dans les Chœurs, plus d'aisance & de variété d'expression dans les airs détachés,
plus de chaleur & de caractere dans toutes
les parties de la Musique instrumentale. Il
falloit sortir quelquefois d'un certain genre
noble & galant, genre très-estimable en
soi, dont les François ont obligation à leur
Langue, & qui leur est particulier ; mais
qui devient à la longue insipide, & ne peut
jamais faire face seul à tous les besoins d'une
grande action théatrale.

Si les Musiciens François n'ont pas fait
dans leur Art le chemin qu'on pouvoit espérer d'un exercice continuel, qu'on étoit
en droit d'attendre d'une théorie mieux connue & plus éclaircie, ce n'est pas seulement
la prévention du Public qui a borné leurs
talens. Les grandes beautés, lorsqu'on sçait
les produire, écartent facilement l'erreur
& la médiocrité : ce n'est point la Langue qui s'est refusée à leurs tentatives, c'est
le travail, c'est l'émulation, c'est le génie
qui leur a manqué ; & le seul moyen qui
nous reste de suppléer à des qualités qu'ils
n'auront peut-être jamais, est d'imiter les
Nations voisines, en adoptant, comme elles, la Musique Italienne.

Tels sont à peu-près les reproches que quelques personnes bien intentionnées pour le progrès des beaux Arts, ont cru pouvoir faire à nos Artistes : nous nous sommes fait un devoir de ne pas les dissimuler, & de les rendre dans toute leur force, afin d'être en droit d'y répondre avec autant de franchise, & d'exposer nos observations avec la même liberté.

On convient volontiers que l'admiration, réduite en principe, peut être sujette à quelques inconvéniens. Lulli, grand pour son tems dans toutes les parties de son Art, est encore aujourd'hui notre maître dans la partie la plus essentielle, par la vérité & par la simplicité admirables avec lesquelles il a sçu rendre les paroles qu'il a chantées. Cet homme n'avoit pas reçu de la Nature la même supériorité dans tous les genres ; son génie avoit des bornes, on l'a trop admiré, cela peut être. Cependant quelles que soient les spéculations auxquelles on voudra se livrer, les essais qu'on s'efforcera de tenter, les nouvelles routes qu'on voudra se frayer, il est vraisemblable que Lulli sera toujours le modele de la bonne déclamation chantante des François ; & que plus on s'éloignera de la maniere générale de cet homme que la Nature avoit fait naître Musicien, plus on

coutra les rifques de s'égarer. Si l'on avoit
pour objet de défendre la mémoire d'un Artifte, dont l'eftime publique fait affez l'éloge, on diroit qu'il nous fera difficile en tout
tems de faire une Mufique inftrumentale fupérieure à quelques airs de violon qui font
répandus dans fes ouvrages. A la vérité tout
n'eft pas de la même force ; mais, comme
modele, il lui fuffifoit peut-être d'avoir fait
fentir la poffibilité d'une certaine élévation.
L'admiration, dont nous avons été fi juf-
tement pénétrés pour ce grand homme, aura
pu, fi l'on veut, retarder nos progrès dans
quelques parties de la Mufique théatrale ;
heureufement le mal eft médiocre, mais
nous fommes forcés en même tems de convenir que nous devons à cette admiration
profonde l'avantage ineftimable de n'avoir
point adopté de fauffes routes.

On ne peut trop louer les amateurs de
defirer fortement la perfection des beaux
Arts; ils font trop éclairés, fans doute, pour
ignorer que cette perfection eft toujours ré-
lative, & que les Sciences rigoureufes font
feules capables d'une forte de perfection
abfolue. Un Art eft parfait pour telle ou
telle Nation, lorfque raffemblant les traits
principaux qui la caracterifent, il peint,
avec force & en beau, toutes fes qualités,

& qu'il devient une image fidele de la perfection physique ou morale à laquelle les
hommes qui composent cette Nation sont
capables d'atteindre. Tout Art qui nous offre nos défauts, qui nous présente une perfection à laquelle nous ne pourrons jamais
parvenir, ou qui met en usage des moyens
qui ne sont pas en proportion avec notre
maniere de voir & de sentir, peut exciter
notre admiration par la force de ses images,
ou par leur extrême ressemblance à de certains modeles : mais cet Art nous plaira toujours médiocrement.

Les Arts étrangers sont capables, sans
doute, de produire des choses excellentes,
& nous sommes en état de les juger jusqu'à
un certain point ; cependant ces productions
nous touchent peu, parce qu'elles n'ont
point un rapport assez direct à la totalité
de notre caractére. Nous admirons quelques
Tragédies Angloises, & nous n'aimons que
les nôtres, parce que les nôtres nous re-
muent de la façon dont nous voulons &
dont nous devons être remués. Le Poëte
Anglois emploie des moyens tels, qu'il est
toujours pour nous au-delà du but ; au lieu
d'attendrir l'ame Françoise, il la déchire.
Nous sommes frappés de la profondeur du
génie de Satan : nous rendons justice aux
sublimes

sublimes peintures des Enfers, du Cahos, du Péché & de la Mort ; mais nous nous arrêtons avec complaisance à la description du Paradis terreftre, à la tendreffe mutuelle des deux époux. Nous relifons, fans pouvoir nous en laffer, cette belle invocation à l'Hymen, fi capable d'infpirer des fentimens vertueux.

Il n'eft pas bien décidé fi ces beaux Tableaux d'Italie, fi ces chefs-d'œuvres de l'Art excitent quelques autres fentimens dans l'ame de nos amateurs, que l'étonnement & l'admiration ; & fi nos plus excellens connoiffeurs, fans l'habitude qu'ils ont contractée de n'être plus remués que par de fortes images, ne préféreroient pas en fecret des productions inférieures dans les parties du deffein, du coloris & de la grande expreffion, mais meilleure pour nous par le rapport plus jufte des moyens avec les intérêts de notre fenfibilité. Les faits bien obfervés peuvent donner d'étranges foupçons fur cette queftion incidente. On trouve fur toutes les murailles de nos chambres & de nos cabinets les œuvres gravés des le Brun, des Pouffin, des Rubens, des Vateau ; il eft très-rare de voir avec la même évidence celles des Raphaël, des Michel-Ange, des Guide & des Carache.

E

Quoique l'acquisition n'en soit pas fort difficile, d'ailleurs, lorsqu'on possede ces gravures, elles sont toujours enfermées dans le porte-feuille. Les amateurs éclairés peuvent seuls nous donner des lumieres précises sur un doute qui peut devenir le sujet de beaucoup de réflexions.

Pour en revenir à la perfection des Arts, qu'on ne sçauroit assurément trop recommander, on croit, au hasard de se tromper sur une matiere si délicate, que la perfection d'un Art n'est point du tout le plus grand plaisir qu'il peut donner à un petit nombre d'hommes; pas même le plus grand plaisir qu'il est en état de procurer à tous les hommes qui composent la société; mais qu'elle consiste uniquement à élever les idées, à échauffer le cœur, & à donner aux hommes, par ses images, toute la noblesse & la perfection du sentiment dont ils sont capables. Quand un Art se propose ce but & parvient à le remplir jusqu'à un certain point, on est persuadé qu'il est alors sur le chemin de la perfection; ou bien il faut dire que cette prétendue perfection est une affaire de fantaisie, une vraie bagatelle, une pure chimere, qui ne vaut pas la peine qu'on s'en occupe.

Un Etranger moitié danseur & moitié

voltigeur, par fa légereté, fa foupleffe, &
par le feu prodigieux qu'il met dans tous fes
mouvemens, nous fait peut-être quelquefois plus de plaifir que Dupré lui-même,
dont la danfe fimple & facile en apparence,
eft beaucoup moins furprenante. Cependant, malgré ce plus grand plaifir poffible,
nous fentons à merveille que le dernier Artifte eft fort fupérieur au premier. L'Etranger nous étale avec affectation un bien qui
n'eft que lui, & qui ne peut jamais nous ap-
partenir, un bien dont nous ne fommes pas
même tentés de faire l'acquifition ; parce
que nous voyons clairement que quand nous
parviendrions à le poff000éder, nous n'en vau-
drions guere mieux. Le vrai Danfeur nous
découvre nos propres richeffes ; il nous met
à portée de jouir, au moins par la penfée,
de ce que nous avons réellement de bon ;
il annoblit l'image du fentiment, & par conféquent le fentiment même. Ce dernier eft
un Artifte, il démêle l'objet de fon Art &
fçait le remplir : l'autre eft un ouvrier, dont
le travail fe réduit à partager avec les Dan-
feurs de corde, les Marionnettes, & les
Joueurs de gobelets, l'honneur de nous donner un moment de récréation : fes plus grands
efforts aboutiffent à nous procurer un amu-

sement qui ne peut jamais nous rendre meilleurs *.

Concluons que tout art qui parvient à nous toucher, à remuer notre cœur; qui sçait le porter à des sentimens nobles ordinairement voisins de la vertu, est bien supérieur quels que soient ses moyens, à celui qui avec des moyens merveilleux en apparence n'excite jamais dans l'ame le moindre mouvement qui soit utile. Ne cherchons donc jamais la véritable perfection des arts ailleurs que dans la perfection même des hommes, à laquelle ils doivent tendre sans cesse ; & soyons persuadés que, quand ils perdent ce grand but, ils font en apparence de beaux arts, mais en effet de mauvais arts, des arts détestables.

Si le Musicien Italien, toujours emporté par une imagination licencieuse, avoit tra-

* Quoique la Danse ne paroisse pas avoir un rapport aussi direct au sentiment que quelques autres Arts, & qu'on la croye pour l'ordinaire bornée à l'imitation des manieres & à celle de quelque mouvement impétueux de l'ame, cependant on est persuadé que c'est aux sentimens exprimés par les attitudes & par les mouvemens du corps, qu'il faut rapporter les différences de la Danse noble avec la Danse comique, grotesque & pantomime. L'une exprime les attitudes relatives aux sentimens élevés d'une grande ame ; les autres expriment les attitudes rélatives à la joye naïve, aux passions emportées, & au goût voluptueux d'un homme ordinaire. Cette vérité est fort sensible dans les Danses de caractere.

cé rapidement dans ses esquisses pleines de
feu, des caracteres outrés dans leur haine,
cruels dans leur vengeance, féroces dans
leur colere, barbares dans leur jalousie, toujours occupés des desirs, & jamais des sentimens de l'amour, on seroit en droit de lui
reprocher de s'être forgé des modeles imaginaires, de faux modeles qui n'existent nulle
part, qui sont fort éloignés de ressembler à
la belle nature, & dont la Peinture est même dangereuse à quelques égards. Si au
contraire le Musicien François avoit été assez habile ou assez heureux, s'il avoit été gui-
dé par un sentiment assez juste pour présenter dans ses tableaux les traits & les images
qui nous conviennent : si toujours attentif à
l'homme, ce grand modele des arts, il avoit
peint en beau toutes les qualités qui nous
distinguent. Si sa musique étoit un portrait
ressemblant de la justesse & de la décence
de notre goût, des graces brillantes, de la vivacité & de la régularité de notre génie, de
la gayeté, de la sagesse, & de la bonté de
notre caractere, le but de son art seroit rempli, parce qu'il n'auroit pû tracer de pareilles
images sans porter dans l'ame des sentimens
vertueux, & quelques autres sentimens qui
au moins ne deshonoreroient pas l'humanité, parce qu'ils tiendroient un juste milieu

entre le vice & la vertu. Nos artiftes, dans ce cas, feroient donc de véritables artiftes, & l'art entre leurs mains feroit bien près de fa perfection. Nous aurions une Mufique d'un caractere décidé, un genre de Mufique très-différent de tout autre, qui feroit véritablement à nous ; & fi l'on pouvoit dire d'une telle Mufique, qu'elle eft mauvaife, il faudroit en conclure néceffairement que notre caractere ne vaut rien.

Si l'on dit que cette Mufique ne nous reffemble pas affez, & que c'eft pour cela qu'il faut adopter la Mufique Italienne. On répond que cette Mufique étrangere nous reffemble encore moins ; que jamais elle ne nous reffemblera, & qu'il vaut mieux garder la nôtre, parce qu'en la perfectionnant peu-à-peu, elle nous reffemblera davantage, & deviendra avec le tems parfaite relativement à nous. Si l'on dit qu'il eft inutile que notre Mufique nous reffemble, on n'avancera cette étrange propofition que parce qu'on n'y aura pas affez réfléchi ; car ce n'eft point à nous de nous prêter à l'art, c'eft à la Mufique, c'eft à l'art de fe prêter à notre génie & à notre caractere, fans quoi l'art ne nous plaira jamais de la façon dont il doit nous plaire, & ne remplira pas fon objet.

Ce raisonnement paroît sans replique. La
premiere partie de la proposition, qui dit
que le Compositeur Italien s'est aveuglé sur
le caractere de la belle nature; que sa touche a dégénéré en maniere, que sa Musique
vocale ne ressemble plus à rien, & que la
nôtre nous ressemble, quoique très-vraie,
peut avoir besoin de quelque éclaircisse-
ment *. Cette idée qui tient à des principes
susceptibles d'une démonstration rigoureu-
se, sera plus développée dans l'ouvrage
dont nous avons déja parlé. Pour le présent
il est un autre moyen très-simple de prou-

* On est persuadé qu'un art est fort éloigné de sa perfection & de son vrai but, lorsque dans ses images il nous présente les desirs voluptueux & lascifs de l'amour, & presque
jamais ce noble oubli de soi-même qui caratérise quelquefois
cette passion; lorsqu'il nous peint les accès violens & fu-
rieux de la colere plûtôt que le juste ressentiment d'une autorité blessée & d'un honneur offensé; l'ivresse d'une gayeté
excessive plûtôt que cette joie pure, compagne inséparable
de la jeunesse & de l'innocence; les noirceurs de la vengeance plûtôt que la résolution courageuse de protéger la
vertu & de punir le crime; les écarts extravagans de la jalousie plûtôt que cette délicatesse qui nous inspire de desi-
rer fortement que le bonheur de l'objet aimé dépende uniquement de nous; parce qu'au lieu d'offrir les foiblesses passageres d'un cœur généreux, cet art se borne à peindre les
maladies incurables d'une ame esclave & jouet éternel de
ses volontés dépravées. Tableaux toujours mortifians aux
yeux de la raison qu'on ne sçauroit envisager trop rarement,
ni voir de trop loin. On assure positivement, sans craindre
d'être contredit par ceux qui connoissent bien la Musique
Italienne, que lorsqu'elle veut exprimer les passions, elle les

ver la bonté relative de notre musique, &
le peu d'intérêt que nous avons de la changer.

Consultons les faits, interrogeons le public, cet oracle infaillible de tout homme
qui a assez de bon sens pour s'adresser à lui,
assez de sentiment pour le comprendre. Bien
entendu que le public n'est jamais un petit
nombre d'artistes ou d'amateurs dont la per-
suasion dégénere en enthousiasme.

Quelle est la réponse du public François
interrogé sur la Musique vocale ? Il la trouve très-bonne dans tous ses genres; il en est
très-content. Un petit nombre de personnes
plus difficiles que les autres, desireroient
seulement que le genre le plus élevé de tout
fût un peu plus varié. Que dit le public Italien de la sienne ? Il en paroît satisfait; il est
sur-tout fort flatté de l'espece d'hommage
que les étrangers lui rendent. Que disent
les gens difficiles ? car il y en a par-tout. Les
gens qui se piquent de bon goût & de discer-
nement, disent que depuis quelque tems ils

présente quasi toujours sous ce triste point de vûe ; & comme cette Musique, qui s'arrête peu sur les mêmes idées, se
contente le plus souvent d'indiquer, comme en passant, le
caractère général des passions qu'elle traite, on ajoute que,
sans ce défaut, qui devient le correctif de son vice primitif
& fondamental, elle seroit aussi dangereuse pour les mœurs
que la Musique peut l'être.

n'ont plus de Muſique nationale. Ils ſe plaignent hautement que leur art eſt corrompu.
Le nombre de ceux qui penſent ainſi eſt fort
grand. Et lorſqu'ils parlent des compoſiteurs
modernes, ils les appellent les *Eclatans*, les
*grands Eclatant* par dériſion & par oppoſi-
tion aux Muſiciens de l'ancien tems. Ils ont
aſſez heureuſement appliqué ce mot tout
François au vice étranger de leur art. Ces
juges ſi ſéveres ſont peut être des gens de
mauvaiſe humeur, de ces gens qui ſe plai-
ſent à mortifier l'amour propre de leurs il-
luſtres citoyens. Cela ſe peut : entr'eux le
débat. Quant à nous, ſans craindre de faire
tort à notre jugement, nous pouvons les en
croire ſur leur parole. Les Italiens connoiſ-
ſent mieux le fort & le foible de leur Muſique que nous ; ils peuvent exagérer & jamais ſe tromper ſur pareille matiere. Ainſi,
d'après cette expoſition très-ſincere des ſentimens du Public des deux Nations, nous
ſommes en droit de regarder la queſtion
comme décidée, comme bien décidée, &
mieux décidée que ſi les artiſtes les plus habiles & les plus inſtruits de l'Europe avoient
prononcé d'une voix unanime ſur cette fa-
meuſe diſpute, après y avoir rêvé toute leur
vie.

On aura beau s'enthouſiaſmer & porter

jusqu'au nues la subtilité incroyable & la science divine d'un Général d'armée, qui possede sur le bout de son doigt la théorie, la pratique, & les plus fines ruses de la Guerre, dont les Soldats sont des Athele-tes, des Gladiateurs, tous plus robustes, plus vigoureux, mieux disciplinés, plus exercés dix fois dans le maniement des ar-mes, qu'aucun Soldat de l'armée ennemie ; si ce Général ne parvient tout au plus qu'à obtenir quelques légers avantages dans les détachemens, & si toutes les fois qu'il ras-semble son armée, il perd coup sur coup les batailles sans pouvoir jamais en gagner une, on ne pourra pas s'empêcher de dire que ses moyens sont assûrément très-beaux, mais que le plus important de tous lui manque. Le Musicien Italien brille beaucoup dans son ariette ; on est tenté dans ce moment de le croire supérieur à tout. Il paroît tel. Attendez jusqu'à la fin ; voyez ce qui résulte de toutes ces ariettes, de tant de fracas, de cette grande dépense d'imagination : au lieu d'intéresser il divertit, au lieu d'attendrir il amuse ; la bataille est perdue.

Jamais ariette ni récitatif obligé n'ont été honorés par les larmes d'un seul Spectateur *.

_____

* Cette proposition est peut-être trop générale, & par conséquent fausse, à quelques égards. C'est ce qu'on ignore.

L'effet le plus prodigieux que ces célebres morceaux de Musique puissent faire dans ce genre de plaisir, se réduit à mettre le cœur tout auprès du sentiment, ou à jetter dans l'ame une sorte de confusion qui dure peu & qu'on approuve rarement. Ce fait important acheve d'éclaircir de plus en plus le sujet que nous traitons ; toute Musique qui, loin d'embellir les pensées raisonnables & les sentimens vertueux, ne fait qu'affoiblir également les unes & les autres, peut être louée par les François & regardée comme fort belle ; mais une telle Musique ne leur plaira jamais universellement, parce qu'elle n'est pas faite pour eux, & réellement ne leur ressemble point assez.

Metastase, qui étoit un homme de goût, & qui ne sentoit que trop l'horrible défaut d'une Musique qui cherche à se faire valoir, en étouffant les beautés que la Poësie s'efforce en vain de produire, essaya d'y remédier, en s'écartant de la routine ordinaire des éternelles comparaisons. Il prit le parti

---

Quand on ne veut pas tromper, on ne peut jamais rendre compte que de ce qu'on a éprouvé soi-même & de ce qu'on a été à portée d'observer dans les autres. On a été témoin fort souvent de ces éclats d'applaudissement, enfans de la surprise & de l'admiration, de ces vives exclamations dont les Italiens font naturellement assez prodigues ; mais on n'a jamais remarqué qu'ils ayent été attendris par leur Musique.

de fondre souvent dans le Madrigal la pensée directe du personnage, afin de lier davantage l'Ariette avec la Scene, & d'arrêter par des limites plus séveres l'imagination effrénée du Musicien. Ses efforts n'ont abouti qu'à rendre les vices de l'art plus sensibles, sans avoir pû corriger un défaut auquel il n'y a plus de remede. Ce défaut est irrémédiable, parce que l'art est corrompu, & l'art est corrompu, parce qu'il a totalement perdu de vûe son objet; ce qui n'empêche pas qu'il ne donne du plaisir, mais il ne fait pas celui qu'il doit faire.

Tous ces faits méritent bien que les partisans raisonnables de la Musique Italienne suspendent leur jugement. La nouveauté entraîne souvent notre suffrage au-delà des bornes que doit y mettre un sentiment plus réflechi & plus éclairé par l'expérience. On prend quelquefois son admiration pour goût, & son opposition aux opinions générales pour du génie. Ces méprises sont toujours fatales.

Il est absolument impossible de bien juger la Musique vocale des Italiens sur celle qu'on a entendue dans Paris : premierement, parce que le genre comique & bouffon est le seul où, cette Musique conserve toutes ses graces & ne soit pas déplacée :

en fecond lieu , parce qu'à l'exception de la
Serva Patrona , compofée par le plus grand
Muficien moderne de l'Italie , les autres In-
termedes font un Recueil de ce que les
grands Maîtres de ce pays ont compofé de
plus agréable & de meilleur , ou plûtôt de
plus approchant du goût François , qui n'eft
point du tout le meilleur pour les Italiens.
Jamais on ne voit en Italie des Operas comiques fi parfaits & fi riches en Mufique ,
que ceux qu'on a arrangés & difpofés tout
exprès pour nous , parce que ces ouvrages
font toujours compofés d'un bout à l'autre
par le même Auteur. Cette Mufique a occa-
fionné des conteftations fort vives , cela eft
certain : a-t-elle beaucoup réuffi dans Paris?
cela eft douteux. Les faits difent que non ,
car on a peu fuivi les repréfentations Italiennes *. La raifon de cette indifférence eft

---

* Le Public François.a très-bien jugé la Mufique Italienne ; il l'a connoiffoit déja , lorfqu'il entendit chanter le
fieur Cafarelli au Concert fpirituel : rien ne fut plus révol-
tant que l'arbitrio dont il gratifia l'affemblée , arbitrio qui
fut toujours le même dans les deux ariettes qu'il chanta ,
& qu'il ne faifoit que gâter toutes les fois qu'il le recom-
mençoit. Le Public applaudit d'abord à la réputation du
Chanteur étranger ; peu-à-peu les applaudiffemens diminue-
rent. On s'apperçut que l'organe commençoit à n'obéir qu'a-
vec peine à des ordres trop imperieux. Le battement des
mains tomba tout-à-fait vers la fin , & ce fut la feule mar-
que que le Public donna de fes obfervations fur la déca-
dence du talent , & de fon dégoût pour les travers de
l'Artifte.

que nous avons un genre à nous, & un goût fixé dans la Mufique comme dans la Poéfie, qui fe trouve totalement oppofé au goût des Italiens. L'objection tirée de la médiocrité des Chanteurs eft foible ; ceux que nous avons entendus étoient plus en proportion avec nos habitudes, que les Chanteurs du premier ordre qui nous auroient paru d'abord moins fupportables & plus éloignés de notre maniere. L'on ne peut s'empêcher de remarquer à cette occafion, que les appointemens exceffifs qu'on leur donne en Angleterre & ailleurs, font peu d'honneur à la Mufique Italienne. L'habitude que contractent bientôt les Etrangers de ne pouvoir l'entendre exécuter que par des Muficiens très-habiles, femble prouver fon peu de rapport avec le goût des peuples qui ont négligé de cultiver leur Mufique nationale. Cette efpece de maladie qui tient de fort près au dégoût, commence à gagner l'Italie elle-même.

Si nous avions connu la Mufique Italienne avant que la nôtre eût pris un caractere décidé, & avant que notre goût eût été formé, c'étoit fait de cet Art national. Nous perdions à la fois nos Chanfons, nos Vaudevilles, nos Airs à boire, nos Airs galans, notre Mufique d'Eglife, notre Opera, &

tout ce qui tient au genre, très-étendu chez
nous, de la Musique vocale. On seroit réduit en France, comme on l'est par-tout ailleurs, au récitatif & à l'ariette qu'on appli-
que à tout. On ne connoîtroit plus qu'une
espece dans le genre, chose à la vérité très-
commode pour le Musicien qui produit avec
une facilité merveilleuse, mais peu utile
pour le Public à qui l'Art ne peut plus donner l'espece de plaisir qu'il est en droit d'en
attendre.

Qu'on juge de cette vérité par ce qui
s'est passé sous nos yeux, & dans un tems
où notre Musique, en se fixant sur un beau
modele, acquiert tous les jours de nouvelles richesses. Rendons hommage au Public,
son attention à écarter rigoureusement toutes les nouveautés qui paroissoient croiser
son goût dominant, est le seul rempart qui
nous ait garanti du naufrage universel. Sans
connoître bien précisément les beautés & les
défauts de cette Musique étrangere, le sentiment lui a inspiré de redouter tout ce qui
pouvoit ressembler à la maniere d'un Artiste,
dont le but étoit tout-à-fait opposé à celui
que l'Artiste François se trouvoit obligé de
remplir.

Ce sentiment sublime & toujours vrai,
qui caractérise le Public François, a été

mille fois plus juste que les demi-raisonne-
mens & les vûes bornées d'un petit nombre
d'hommes qui ne doutent pas un moment de
leur supériorité sur ce même Public, qui lui
prodiguent, en toute occasion, leurs leçons
peu réflechies, qui veulent, à toute force, l'é-
clairer à leur maniere, ou, pour s'expliquer
plus clairement, qui prétendent très-férieu-
fement le depouiller peu-à-peu de ce qu'il a
de meilleur. Notre esprit, que nous croyons
fi merveilleux, & en qui nous avons une
confiance fi parfaite, eft fujet à d'étranges
illufions, à des méprifes bien fingulieres. Il
faut efperer que le fentiment, qui eft excellent chez nous, tiendra bon jufqu'à la fin
contre les mauvaifes fubtilités qu'on invente
de toutes parts, & toutes les peines qu'on
fe donne pour l'étouffer.

Plus on approfondira la marche des deux
Mufiques & des deux artiftes, plus on fera
convaincu que les deux manieres font dia-
métralement oppofées & prefque totalement
ennemies l'une de l'autre. Le Compofiteur
Italien forme fon ouvrage de plufieurs pieces détachées qui n'ont entr'elles aucun rapport néceffaire. Le François conftruit un
édifice régulier, dont toutes les parties doivent avoir une liaifon directe & parfaite.

L'Italien marche fouvent feul & fans être
infpiré

inspiré par son sujet. Il s'occupe très-médio-
crement du soin de le faire valoir, l'abandonne sans scrupule toutes les fois qu'il croit
n'avoir pas intérêt de le suivre, & saisit avec
l'empressement le plus marqué les occasions
brillantes que fournit le Poëme de donner à
la Musique un essor prodigieux & sublime.
Le François ne se permet jamais de négliger un moment l'ensemble & l'effet total qui
doit être l'objet de son travail.

Chez les Italiens le Poëme est un moyen
de faire valoir la Musique; chez le François
la Musique est un des moyens & le principal moyen de faire valoir le Poëme.

L'Opera Italien est un recueil de pensées,
tantôt sublimes, tantôt ingénieuses, badines
ou bouffonnes, de phrases bien cadencées,
d'épigrammes & d'antithèses musicales. L'O-
pera François est un ouvrage composé par
le bon sens, écrit par le sentiment, dont toutes les beautés fondues dans le style le plus
clair & dans le raisonnement le plus simple,
ont pour but de persuader une certaine vérité, de communiquer un certain sentiment
dont il est utile aux hommes d'être pénétrés.

La Musique d'un Opera Italien, envisa-
gée dans ce point de vuë, ressemble trait
pour trait à ces ouvrages de Littérature,
dont les Auteurs ne se proposent jamais d'ap-

F

profondir les matieres qu'ils annoncent, & de communiquer des observations qui soient utiles pour le moment présent, ou qui puissent procurer à la longue le bonheur de l'humanité, mais qui cherchent simplement à se faire de la réputation à l'occasion des choses dont ils parlent, en trouvant adroitement dans les sujets historiques, moraux ou littéraires, qu'ils paroissent embrasser, le grand art de faire briller leur esprit, & de se distinguer par l'agréable tournure de leurs traits inimitables, ou par l'élégance tout-à-fait harmonieuse de leur style. Ainsi le Compositeur Italien, obligé d'exprimer, dans le cours de son ouvrage, des pensées, des sentimens & des passions, s'empresse de crayonner des tableaux, non dans la vûë d'annoblir les personnages, & de rendre le Poëme intéressant, mais dans le dessein de présenter avec ostentation ses phrases musicales, & de mettre au jour les sublimes saillies de son imagination.

Le Compositeur Italien & le faux bel esprit ont de commun l'abus du talent, un goût décidé pour les intérêts de l'oreille ; une indifférence totale pour la vérité du sentiment dont ils se contentent d'emprunter les apparences ; la manié de courir éternellement après l'extraordinaire ; la mauvaise habitude

de flatter en toute occafion notre déprava-
tion naturelle ; la fureur de vouloir briller
à quelque prix que ce foit, & la foibleffe
de fuccomber trop fouvent à cette cruelle
tentation aux dépens des chofes qui leur fer-
vent de bafe & de foutien. Ils font affez
bien ce qu'ils font, ils difent très-bien ce
qu'ils difent ; mais, par un malheur inconcevable, ils difent & font précifément
tout le contraire de ce qu'il faudroit faire & de ce qu'il faudroit dire. L'un montre beaucoup d'efprit, & ne prouve rien
d'utile : l'autre prodigue à tout propos une
Mufique excellente, & ne touche point,
ou touche fort peu ; de forte que le réfultat
de tout cet efprit & de toute cette Mufique,
eft ordinairement d'affoiblir la fociété, ou
de dégrader le Poëme que les deux Artiftes
font également obligés de fortifier & d'embellir.

Le Compofiteur Italien qui connoît l'en-
thoufiafme de fa Nation pour tout ce qui
porte l'empreinte de la grande imagination,
dédommage fes auditeurs du tort qu'il fait
au fpectacle, en les amufant par des traits
de génie & d'invention qu'il répand avec
abondance dans toutes les parties de fa compofition.

Le Littérateur égaré profite du foible mal-

heureux de sa Nation pour l'esprit, l'entretient & l'augmente par tous les moyens imaginables : il éblouit, fascine tous les yeux,
croit qu'il suffit de plaire, & parvient aisément à se faire une réputation équivoque &
passagere, en donnant à ses compatriotes
des conseils très-mauvais, à ses successeurs
des exemples encore plus funestes.

L'Opera François ressemble à ces ouvrages du siecle passé & à beaucoup d'autres,
dont le nôtre peut s'honorer à juste titre,
dans lesquels, avec des moyens simples en
apparence, on remplit un grand but ; dans
lesquels les graces du style & les talens de
l'esprit sont des instrumens subalternes dont
on ne fait usage que pour mettre la vérité
dans une évidence plus parfaite, & pour
lier plus sensiblement les conséquences avec
les principes ; où l'on voit toujours le sujet
& jamais l'Auteur, qui respecte trop le Public pour mettre ses vices au grand jour, &
se garde bien de faire symmétriser les misérables intérêts de sa vanité ou de la corruption de son cœur avec les choses importantes dont il est uniquement occupé.

L'Opera François tient à ses ordres tous
les Arts, regle les rangs, distribue le travail,
& leur donne un seul objet à remplir. La
Poésie est chargée d'inventer une action

vraifemblable, & de former des caracteres
dont les paffions produifent des évenemens,
qui puiffent occuper l'attention des Spectateurs. La Mufique doit annoblir les perfonnages, remuer le cœur, & fortifier la vraifemblance en échauffant le fentiment. La
Danfe doit rendre tantôt avec force, tantôt
avec grace tous les mouvemens qui fe trouvent liés au développement de l'action, &
aux incidens du fujet. La Peinture par fes
tableaux, la Méchanique par fes effets merveilleux, achevent de rendre l'illufion complette, en mettant le plus fublime de tous
les fens dans les intérêts de l'imagination.

Après ce jufte parallele des deux Arts cor-
rompus avec l'Art tel qu'il doit être & tel
qu'il eft encore parmi nous ; on hafardera
quelques réflexions générales fur les Muficiens François à qui on croit devoir con-
feiller avant tout, non d'étudier beaucoup
les Italiens, mais de les entendre rapidement & à plufieurs reprifes, à peu-près comme certains Poëtes tragiques lifent les Ro-
mans quand ils ont befoin d'échauffer leur
imagination.

L'excellence du plan François qui a forcé
les Arts de fe foumettre aux loix rigoureufes
qu'il leur a impofées, loin d'être un avantage, a été un obftacle de plus à furmonter

pour nos Artiftes, parce que toutes les beautés, qui n'ont pas exactement occupé la
place qu'elles devoient avoir, ont été des
défauts.

Le Muficien François, toujours efclave
dans la Scene où il eft forcé de fuivre le
Poëte pas à pas, contracte, peut-être néceffairement, une certaine contrainte qui
borne fon génie, & le laiffe au-deffous de
lui-même dans quelques autres parties de la
compofition. Les Italiens, qui n'ont point à
fubir cet affreux efclavage, fe livrent avec
plus de liberté à toutes les idées qui fe pré-
fentent à leur efprit : de-là naît en partie leur
fécondité & leur chaleur.

La Langue Françoife peut être chantée fans
doute, mais cette proprieté ne s'étend point
à toutes les beautés muficales poffibles. Cette
Langue a fon génie & fon caractere particulier qui refufe de fe prêter à toutes les dé-
coupures de la Mufique Italienne. Il eft donc
quelques agrémens de mélodie dont notre
Langue ne fera point fufceptible ; heureufement cet inconvénient fe trouve balancé ;
le chant François fera moins expofé à certains défauts. Le Muficien, enchaîné par les
difficultés de fa Langue, refpectera davantage le fens des paroles : les Vers & la Mufique, liés plus inféparablement, feront un

effet fuperieur, par fa juftefle, à celui que produiroit une Mufique ambitieufe, qui négligeroit de s'appuyer du fecours de la Poéfie.

Malgré la contrainte à laquelle les Compofiteurs François ont été affujettis, & les difficultés de la Langue qu'ils ont chantée, ils ont fait des chofes admirables & en très-grand nombre dans tous les genres de compofition. La nature ne leur a pas refufé les grands talens qui menent à la gloire, & leur a prodigué ceux qui fe confacrent plus particulierement à l'utilité générale. Ces artiftes, inépuifables dans les différentes manieres dont ils ont fçu peindre la gayeté des gens d'un certain ordre, la tendreffe des cœurs vertueux & la joie du peuple, poffedent feuls la fcience de plaire à l'efprit & de rendre les penfées les plus ingénieufes, en leur donnant avec une précifion étonnante le degré de fineffe, de nobleffe, d'ironie ou de délicateffe qui leur convient. Ils ont reçû en partage le grand art d'adoucir le travail, d'animer le plaifir, & d'embellir la fociété, en n'employant pour amufer, attendrir & perfuader, que la feule force de l'organe, fans le fecours d'aucun Inftrument. On cherche à s'aveugler fur un mérite dont la rareté devroit au moins trouver grace devant cer-

fains esprits. On s'obstine à ne faire aucune
attention à des talens qui leur appartiennent
en propre, à l'exclusion de tous les Musiciens de l'Europe ; & l'on affecte d'en faire
un cas médiocre, sans qu'il soit possible de
trouver d'autre raison de cette indifférence
déplacée, que la fécondité prodigieuse dont
ils ont donné des preuves dans ces différens
genres tous très-estimables.

Nous devons espérer beaucoup des lumieres, des efforts & des talens de nos Artistes modernes. Ils ont approfondi, par de
sçavantes recherches, les principes de leur
art. Ils ont voulu s'approcher de plus en
plus de la perfection dont notre genre est
susceptible. Ils se font frayé des routes nouvelles ; ils ont mis plus de hardiesse dans
leurs chants, plus de force dans leur Musique instrumentale. Après plusieurs tentatives réitérées, qui font honneur à leur génie,
le Public a couronné d'une voix unanime
les choses neuves qu'ils ont heureusement
imaginées. Ils ont prouvé par les succès réi-
térés de leurs travaux, que la Langue Françoise se prête suffisamment aux graces &
aux ornemens de la Musique ; mais que le
génie, aidé du travail, est seul capable de
saisir quelques traits de ce fond inépuisable
de beautés dont elle est susceptible, & qui

ne fe refufent qu'à ceux que la nature n'a pas deftinés à en faire la recherche. Nous ofons leur prédire que, fi le Public continue d'exiger qu'ils ne s'éloignent jamais du vrai genre François, & qu'il fe montre toujours inflexible pour tout ce qui paroîtra s'en écarter, ils iront avant qu'il foit peu, finon plus haut, au moins beaucoup plus loin que les Italiens. Ils ont déja fur eux l'avantage qu'un homme bien fait & bien pris dans fa taille, a fur un coloffe peu correctement deffiné.

## X. Proposition.

Il eft vrai-femblable que les Muficiens François ne feront jamais fort abondans en productions muficales d'une force exceffive; & cette difpofition náturelle loin d'être un inconvénient pour la Mufique vocale, eft au contraire un très-grand avantage.

La Mufique nous offre en général l'image des caracteres, des penfées, des fentimens & des paffions. L'imitation des paffions prifes dans tous leurs degrés poffibles, eft de toutes la plus aifée à faifir, & la plus frappante. Ainfi un peuple qui a été regardé par tous ceux qui l'ont étudié & qui en ont parlé comme plus difpofé que les autres à toutes les fortes paffions de l'ame, doit avoir une

Mufique plus forte & plus frappante que toute autre Mufique. Ne rougiffons point d'être nés plus modérés que quelques-uns de nos voifins. Tout eft balancé dans le monde ; par-tout la nature eft la mere commune, & jamais la marâtre des hommes.

D'après un fait auffi fimple que celui que nous avons expofé d'abord, examinons ce que les deux Mufiques ont produit d'excellent. Nous trouverons que la Mufique des Italiens eft une peinture prefque continuelle des paffions fortes, tandis que la nôtre eft le plus fouvent une imitation très-jufte de la penfée & du fentiment. Le fentiment n'eft autre chofe que la paffion elle-même mêlée de quelque réflexion qui modifie ce premier mouvement de l'ame naturellement impétueux, & qui lui donne par cette nuance ajoutée, un certain caractere de nobleffe, de dignité, d'humanité, de délicateffe ou de galanterie.

Le langage de la Mufique eft très-vague, & très-indéterminé, nous l'avons déja dit : ainfi l'image la plus forte, la plus fenfible, la plus véhémente, la plus exceffive, la plus chargée, fi l'on veut, de la paffion, fera meilleure, plus jufte, plus parfaite, plus agréable, plus éloignée du défaut mufical, que l'image d'une paffion modérée qui paroî-

tra trop compaffée & toujours un peu froide.
Telle eft la véritable raifon de la fupériorité
décidée des Italiens dans la Mufique inftrumentale d'un grand caractere. Le même principe appliqué à la Mufique vocale donne
un réfultat différent. C'eft alors un grand inconvénient de charger trop l'image de la
paffion, parce qu'il faut avoir égard aux
bienféances relatives, & s'y renfermer.

Si les Italiens avoient pû mettre un frein
à l'imagination trop fougueufe de leurs artiftes, il eft vrai-femblable qu'ils auroient fur
nous dans la Mufique vocale à peu-près la
même fupériorité qu'ils ont dans la Mufique
inftrumentale. Mais au lieu d'arrêter par des
loix féveres cette faculté de l'ame naturellement fertile en productions bifarres, &
trop indulgens pour un défaut dont il réful-
toit quelques legers avantages, ils ont regardé cette exceffive fertilité comme une
fource abondante de plaifirs. L'art qui n'a
plus connu de regle a été défiguré peu-à-
peu par la licence de l'artifte. Les Italiens
avec tous les talens néceffaires pour perfuader, pour émouvoir & pour peindre en
beau, ont fi fort exagéré les paffions, ils ont
fait marcher de front un fi grand nombre d'i-
mages à la fois, qu'ils n'ont fait qu'effrayer
le fentiment, amufer l'efprit, effleurer l'ame

& badiner continuellement aux dépens de la
fensibilité.

Le caractere de la Musique étant la chaleur, & les Italiens ayant négligé d'arrêter
par de fortes entraves une Musique toute
passionnée, il étoit moralement impossible
que cet art chargé d'exprimer les sentimens
du personnage théatral, ne dégradât tous
les caracteres par la force prodigieuse, &
l'extrême liberté du pinceau. Ce personnage théatral n'est un héros ou un grand homme aux yeux du spectateur que parce qu'il
ne se livre jamais à toute la fureur de ses passions, & qu'il sçait donner aux mouvemens
de son ame le juste degré de force qui convient à la dignité de sa personne, & à l'importance des objets dont il est occupé ; il est
un héros ridicule, lorsqu'il se laisse emporter
sans aucune espece de mesure à toutes les
idées extravagantes & souvent opposées entr'elles qui lui passent par la tête.

La Musique vocale des Italiens, telle qu'elle
est, doit donc réussir infiniment mieux dans
le comique que dans le tragique, mieux
dans le comique bas & dans la farce, que
dans le comique d'un genre plus élevé. C'est
encore une vérité que ne peuvent pas ignorer ceux qui connoissent ce théatre. La Musique Italienne n'est à sa place que dans le

bouffon : dans le tragique elle choque fen-
fiblement toutes les bienféances & toutes
les vraifemblances poffibles. L'exagération
des paffions, l'extrême gayeté, le badinage
perpétuel & l'imitation très-jufte de certains
objets matériels, font un effet auffi agréable
dans le grotefque, que ridicule & déplacé
dans le genre héroique. Tous ces faits réunis paroiffent établir d'une maniere inconteftable la vérité du principe dont nous parlons.

Les François dont les paffions font plus
modérées, & qui ont été les maîtres de
mieux régler le feu de leur imagination, ont
pû élever un édifice poëtique régulier, &
donner à la Mufique fans inconvénient le
foin d'embellir les caracteres en confervant
la vraifemblance. Chez nous cet art a rempli le but en intéreffant & en attendriffant
les Spectateurs.

Ce n'eft pas que notre Mufique manque
par elle-même d'élévation ; elle en a beaucoup, puifqu'elle rend très-bien les penfées
fublimes du prophete ; mais on croit feule-
ment qu'elle n'aura jamais la fécondité prodigieufe, le feu ardent & la hauteur impofante de l'Italienne : en partie, parce qu'heureufement pour nous notre imagination eft
plus froide; en partie, parce qu'elle eft mieux

réglée par un goût qui nous eſt particulier.
Ainſi nos Muſiciens donneront toujours plus
de force à l'expreſſion de quelques penſées
détachées qu'ils n'en pourront mettre dans
un ouvrage régulier & ſuivi, où il faut être
attentif à l'enſemble & à la vraiſemblance
des caractères. Le génie des langues doit encore entrer pour quelque choſe dans ces différences. Le Muſicien eſt plus le maître dans
le Latin de choiſir ſes images, de les placer
comme il veut, & de donner tout l'eſſor
poſſible à ſon génie. L'ordre grammatical
des paroles le gêne moins. Dans le François
il eſt éternellement aſſujetti pendant toute la
ſucceſſion de ſa marche.

La Muſique a donc repréſenté aſſez fidé-
lement l'eſprit & l'imagination des nations
qui ont le plus cultivé ce bel art. C'eſt ce
qui devoit arriver ; & le juſte développement de nos qualités, un développement
éloigné de tout excès, a mis au jour le plus
beau ſpectacle qui ſoit au monde.

Les précepteurs modernes du public François ſe ſont beaucoup tourmentés depuis
quelques années pour diminuer la juſte admiration qu'on doit à une ſi belle production de l'eſprit humain. Ils ont attaqué avec
fureur ; ils ont tourné en ridicule ſans réſerve
& ſans meſure, tantôt une partie, tantôt

une autre de notre Opéra, & ils paroiſſoient
ſi perſuadés du mal qu'ils en diſoient, qu'on
étoit preſque tenté de les en croire ſur leur
parole. Heureuſement de conſéquences en
conſéquences, & dans l'accès le plus fort
de l'illuſion, on a avancé des propoſitions ſi
extraordinaires, ſi inconcevables, ſi inju-
rieuſes au goût François, ſi parfaitement dé-
menties par l'expérience, que tous les yeux
ſe ſont ouverts, & qu'il n'a plus été poſſible
de méconnoître la ſource d'un pareil égare-
ment, qu'on a été forcé de rapporter à la
diminution du ſentiment, & aux limites ordinaires de l'eſprit.

Critiquer & perfectionner ſont deux choſes très-différentes. Perfectionner eſt l'ouvrage pénible & lent du génie ; critiquer eſt
la marche prompte & facile de l'eſprit qui a
toujours une ſagacité merveilleuſe pour fixer tous les petits côtés d'une grande choſe,
ſans jamais pouvoir ſaiſir l'enſemble de tout
ce qui la compoſe, ni voir le réſultat magnifique ou excellent qui en eſt l'effet naturel
& néceſſaire.

L'admiration pour l'eſprit, pour le bel eſprit, ou pour le mauvais eſprit ( car on ne
ſçait comment déſigner ce monſtre revêtu
quelquefois d'une forme aimable ) eſt une
maladie dont la cauſe eſt toujours la foibleſſe

des hommes qui composent la société, &
dont la continuité pourroit à la longue annoncer la destruction totale du corps entier.

L'esprit, ce mauvais imitateur du génie,
ce redoutable adversaire du sentiment, ce
protecteur éternel des petites choses, ce
destructeur impitoyable de tout ce qui est
bon, dans les sciences cherche le difficile,
& ne connoît d'autres besoins que ceux de
sa vanité. Dans la morale il s'attache à l'extraordinaire; il s'efforce de substituer à des
principes excellens des paradoxes méprisables, qui rompant sans retour les seuls liens
capables de nous unir les uns aux autres, ne
sont propres qu'à faire le malheur des races
futures. Dans la Philosophie, il suit à la piste
les lumieres du génie dont il tâche de se faire
honneur par des applications détournées &
toujours fausses. Content des apparences
d'un talent qu'il n'a pas, il se dédommage
de l'impuissance où il est de faire le bien par
la satisfaction que lui donnent le bruit & le
fracas, que ses méprises continuelles ne
manquent jamais d'occasionner. Dans les
Lettres, il prodigue à la phrase un tems précieux qu'il dérobe à la connoissance des choses. Fertile en tournures, & partisan des
grands mots, il paye en paroles des especes
de

de taxes magnifiques & volontaires, que
perſonne ne s'aviſe de lui impoſer. Dans les
arts il s'aveugle volontairement ſur leur objet, & s'obſtine à les voir du côté le plus
dangereux; il admire & veut imiter tout ce
qu'ils ont de mauvais. Il abandonne ſans aucun regret le ſentiment, en cherchant le
vrai plaiſir par des routes où perſonne ne l'a
jamais rencontré. Dans l'Hiſtoire & dans la
Politique il lorgne tous les faits avec un té-
leſcope de ſingularité qu'il ne quitte jamais.
Les antitheſes ſont ſes preuves, les épigrammes ſes réſultats. Au lieu de tableaux magnifiques, il offre de petits portraits manie-
rés, toujours drapés à la mode de notre
pays, & dans le goût de l'homme du jour.
Il entaſſe des obſervations qui reſtent ſuper-
flues, admire tout excepté ce que nous
avons de bon, & croit guérir des maux qu'il
exagere en nous rendant plus mauvais. Dans
le commerce de la vie, il ne connoît point la
honte, déconcerteroit par ſon aſſûrance la
raiſon elle-même, & n'a jamais rougi de
ſes victoires. Dans la ſociété rien n'eſt reſ-
pecté par cet ennemi de l'ordre. Il jette une
couleur ridicule ſur les meilleures choſes. Il
fait tant qu'il ébranle toutes les baſes ſur leſ-
quelles portent la tranquillité, les plaiſirs
honnêtes & le bonheur des hommes.

G

## XI. PROPOSITION.

Le fyftême muſical & théatral des François eſt plus voiſin de la perfection que le
fyftême muſical & théatral des Italiens.

Les Muſiciens François n'ont jamais perdu de vûe dans leur compoſition le véritable
effet que doit produire toute repréſentation
théatrale. Ils ont voulu occuper les ſpecta-
teurs du ſujet, les intéreſſer aux perſonnages
qui paroiſſent ſur la ſcene, les toucher, les
attendrir. Les Italiens ou n'ont pas pû, ou
n'ont pas voulu faire aller de front le Poëme qui doit ſervir de fondement à tout l'é-
difice, & la Muſique qui doit faire valoir
les beautésde la Poëſie. A force de s'attacher
de préférence à la Muſique, ils ont anéanti
le Poëme. Les François ſe ſont propoſé la
perfection générale, l'effet total ; les Italiens ont ſacrifié cet effet général à des beautés particulieres.

Les François n'ont pas toujours réuſſi ;
mais ils ont réuſſi quelquefois ; & ils ont
prouvé par la quantité des belles choſes ré-
pandues dans leurs ouvrages, que leur langue eſt ſuſceptible des plus grands effets de
la Muſique. S'ils parviennent un jour à mettre dans leur compoſition muſicale les per-

fections plus ou moins possibles dont on nous entretient depuis quelque tems ; si la déclamation devient plus conforme à la profodie de la langue, plus vraie, plus touchante ; si cette nouvelle déclamation chantante met le Poëte plus à portée de développer avec l'étendue nécessaire les pensées & les sentimens des personnages ; si les airs détachés acquièrent plus de variété & de chaleur sans fortir du genre ; si la Musique instrumentale prend un caractere plus élevé ; alors le plan de l'Opera François étant excellent, chaque espece de beauté prendra facilement, & comme d'elle-même, la véritable place qui lui convient ; la Scene deviendra encore plus capable d'intéresser, les fêtes seront plus variées & plus brillantes, l'effet total sera admirable, & l'ouvrage sera parfait. Il n'est donc question pour les François que de perfectionner une partie accessoire que tout le monde prétend qu'ils ont négligée, & dans laquelle on convient en même tems qu'ils ont fait de grands progrès depuis vingt ans.

Le Poëte Italien n'a pas faisi le genre de poësie le plus propre de tous à s'unir intimement avec la Musique ; il n'a cherché ni à simplifier son sujet, ni à embellir tout ce qui pouvoit y avoir quelque rapport. Le

Muficien né s'eft point attaché à infpirér les
idées nobles que devoit faire naître une Mufique qui s'éleve jufqu'à la peinture des fentimens d'un héros & d'un grand perfonnage
théatral. Les deux artiftes fe font également
trompés fur leur objet : le Poëte en affectant
un ton trop férieux , & en compliquant
quelquefois le fond de deux Tragédies Françoifes dans un feul Opéra ; le Muficien en
dénaturant à chaque inftant l'idée la plus
jufte du bon , & en affoibliffant tellement
l'action théatrale par les écarts fréquéns de
fa mufique , que forcé enfin d'abandonner
jufqu'à l'efpérance d'intéreffer , il a été réduit à ne procurer aux fpectateurs que des
plaifirs momentanées & ifolés. Les ornemens
étrangers au fujet qui brillent de toutes parts
dans les Operas Italiens , n'ont pû les garan-
tir de l'inconvénient d'être exceffivement
fombres & triftes. Ce vice fondamental a fa
fource dans le vice du plan , & dans la difficulté de régler l'imagination du Muficien.
Pour corriger cet Opera , il faudroit refon-
dre entierement le Poëme , il faudroit rap-
procher du vrai les idées trop fouvent gigan-
tefques & purement imaginaires du compofiteur : il feroit encore néceffaire de fixer
fon efprit naturellement volage à l'excès.
Ces reformes paroiffent impoffibles. Les

Italiens font donc plus éloignés de la perfection que les François, qui, pour l'atteindre, n'ont befoin que de faire dans la Mufique de quelques progrès qui vraifemblable-
ment ne fe refuferont point à leur induftrie
laborieufe & éclairée.

On ne donnera pas plus d'étendue à ce
raifonnement qui paroît appuyé fur des preuves convaincantes, & qui, fortifié par toutes les réflexions précédentes, doit former
une démonftration complette. Cependant
comme la critique qu'on a fait du monologue d'Armide, fournit une occafion affez
naturelle de rendre cette vérité encore plus
fenfible, nous nous permettrons de nous y arrêter un moment.

Il eft poffible que ce qui dans un tems a
généralement plu à toute une nation en matiere de Poëfie & de Mufique, ceffe de lui
plaire dans un autre tems ; fi les arts ont fait
de très-grands progrès ; fi la culture de l'efprit a été extrêmement perfectionnée ; fi la
langue & les habitudes ont éprouvé de
grands changemens pendant l'intervalle ;
mais fi ces révolutions ne font pas arrivées,
tout ce qui aura fait autrefois une impreffion
agréable, doit encore aujourd'hui produire
le même effet.

En fuppofant que la critique foit jufte d'un

G iij

bout à l'autre, il faudroit en conclure seulement que cette Musique a des défauts apparens, & non se hâter de prononcer qu'elle ne mérite pas de faire un grand effet. Les regles connues d'après lesquelles on raisonne sont en petit nombre : les regles cachées sur lesquelles on juge sont infinies. L'esprit trop borné dans ses combinaisons, développe difficilement les principes obscurs des mouvemens du cœur ; ainsi la critique est aisée. Une attention médiocre suffit pour découvrir quelques défauts. Il est plus difficile de saisir les beautés, & d'évaluer par le sentiment leur juste valeur. Trouver la raison de l'effet qu'elles produisent, est sans doute le dernier degré de la difficulté.

Un ancien Grec prouvoit par une suite d'argumens très-subtils, que le mouvement étoit impossible. Un de ses auditeurs quitta sa place, & se promena devant lui. Achilles, s'écrioit à haute voix l'ingénieux Sophiste, sans doute pour exercer l'esprit de ses disciples, Achilles n'atteindra jamais la tortue, quoiqu'il marche dix fois plus vîte qu'elle. Je le démontre........ Personne n'en étoit la dupe ; cependant on fut embarrassé, & on ne sut d'abord que répondre. Il fallut bien du tems pour désigner enfin le point précis auquel Achilles atteignoit la tortue.

Le Monologue d'Armide qui a paru admirable à tous les François, a été, nous dit-
on, mal compofé par Lulli. Il eft mauvais,
ne foutient pas l'examen; il doit fon fuccès
aux bras & aux geftes de l'actrice qui le crie.
Les expreffions de cette Mufique manquent
de force & de jufteffe.

On fe dépêche de répondre qu'il a plû &
plaît encore à un public très-connoiffeur,
& très-exercé dans tous les genres de fentiment. La quantité des ouvrages de théatre
célebres par la beauté des fituations que ce
même public voit tous les jours; la comparaifon qu'il eft à portée de faire du talent
des acteurs qui s'efforcent d'exprimer avec
vérité ces chefs-d'œuvres bien connus de
tout le monde, doivent le rendre fans contredit un excellent juge en matiere d'expreffion théatrale. Premiere Obfervation qui
reffemble affez à la promenade du Grec
ignorant mais fenfé. Voyons s'il eft poffible de dire quelque chofe, non de plus dé-
cifif, mais de plus fatisfaifant pour ceux qui
aiment les raifonnemens.

Une regle fondamentale à toute Poëfie
épique & dramatique, eft que les perfonnages dont on veut occuper les lecteurs ou les
fpectateurs, puiffent mériter en effet par les
grandes qualités de leur ame de fixer leur

attention. Le héros doit inspirer l'admiration la plus forte ; ou si le Poëte se permet
d'employer des ombres dans ses tableaux ,
en mêlant quelquefois le vice à la vertu , il
a grand soin de placer les remords à côté du
crime , & de balancer par la grandeur du
courage ou par l'étendue du génie , les foiblesses du cœur ou les travers de l'esprit.
S'il est forcé de peindre un caractere odieux,
il le présente sous des traits si méprisables ,
que la haine & l'horreur qu'il inspire , font
naître un intérêt très-différent du premier,
& tout aussi vif. Le spectateur presque tour-
menté du desir de voir enfin le coupable malheureux , attend ce moment avec la plus
grande impatience ; & la regle dont nous parlons paroît être la grande base de l'intérêt.

Armide , célébre par sa beauté , redoutable par ses connoissances profondes dans
la magie & dans les sciences de son pays ,
respectable par sa puissance , plus respectable encore par l'usage qu'elle en fait
pour la défense de ses Dieux & de sa patrie,
aime la gloire avec excès , & mérite de réunir sur elle toute l'attention de ses ennemis.
Les Chevaliers Chrétiens la redoutent , &
ne peuvent la regarder sans admiration. Une
foule d'adorateurs vient à ses pieds rendre

hommage à l'empire de la beauté. Le feul
Regnaut la voit avec indifférence. Armide
vivement piquée de n'avoir fait aucune impreffion fur le plus fameux guerrier du camp
de Godefroy, nourrit au fond de fon cœur
un dépit violent qui l'occupe toute entiere.
La valeur toujours agiffante de Regnaut &
toujours fatale au parti d'Armide, augmente
ce dépit, & lui donne toutes les apparences
de la haine la plus active. Armide ne penfe
qu'aux moyens de fatisfaire cette haine fin-
guliere qui devient plus vive de jour en
jour. A force d'artifice elle parvient enfin
à fe rendre maîtreffe de la perfonne de
Regnaut.

Ici commence le Monologue. On fent à
merveille combien ce moment va devenir
intéreffant. Armide eft excufable de fe laif-
fer emporter aux illufions d'une paffion
qu'elle ne connoît pas encore. Toujours occupée de fa haine, elle arrive pour immoler
cet ennemi fi fatal à la gloire de fes armes
& à fon repos. Elle le connoît très-bien, le
regarde, veut le facrifier à fa haine, & dans
le même inftant Armide eft éclairée fur l'é-
tat de fon cœur. Dans ce moment l'erreur
ceffe, l'illufion fuit; Armide ne peut plus
méconnoître le principe des mouvemens
dont elle eft agitée. En vain elle appelle

à son secours la fureur & la vengeance ; foible ressource ! elle n'éprouve dans son ame qu'un mouvement unique qui l'entraîne & qui la subjugue. Forcée de céder à l'amour, confuse & desespérée d'une foiblesse qui doit anéantir à jamais sa gloire, elle prend le parti de cacher sa honte au bout de l'univers.

Voilà très-exactement l'idée du Monologue ; examinons à présent la critique qu'on en a fait.

On commence par reprocher à Lulli de n'avoir pas rendu sensible au spectateur le changement prodigieux qui, dit-on, se fait dans le cœur d'Armide pendant le tems qui s'écoule depuis le commencement du Monologue jusqu'à la fin. Ce reproche grave sur lequel on appuie beaucoup, est facile à détruire. En lisant le Poëme avec une attention médiocre, on trouve qu'il n'arrive aucun changement dans le cœur d'Armide pendant la durée du Monologue. Elle est à la fin de la Scene, ce qu'elle étoit au commencement, éperduement amoureuse de Regnaut. Cette héroïne prenoit pour de la haine les mouvemens qui l'agitoient depuis long-tems, & se trompoit. La présence de Regnaut l'éclaire sur ses sentimens. Son ame est agitée, mais son cœur n'éprouve aucun changement.

Une grande partie des accuſations qu'on intente au Muſicien, ſont fondées ſur cette mépriſe du critique ; & lorſqu'on s'eſt aſſûré du peu de réalité de la ſuppoſition, on ne peut s'empêcher d'admirer la juſteſſe avec laquelle Lulli a rendu les vrais ſentimens du perſonnage, & d'être en même tems convaincu du mauvais effet qu'auroient produit les idées muſicales qu'on propoſe de ſubſtituer aux ſiennes.

*Enfin, il eſt en ma puiſſance,*
*Ce fatal ennemi, ce ſuperbe vainqueur.*

On blâme le repos abſolu ménagé à la fin du premier vers, & le ton différent ſur lequel eſt chanté le ſecond vers. On ſe fonde ſur ce que ces deux vers ne forment qu'un ſeul & unique ſens.

On répond que ces vers forment deux ſens qu'il étoit néceſſaire de diſtinguer. Le premier vers exprime le plaiſir qu'Armide éprouve en ſe voyant enfin maîtreſſe du ſort de ſon ennemi. C'eſt un premier tranſport de joye, une ſorte d'exclamation. Le deuxieme vers préſente une réflexion très-naturelle, & qui doit infiniment ajouter au plaiſir d'Armide, lorſqu'elle penſe que cet ennemi dont elle peut diſpoſer, eſt un fatal ennemi, un ſuperbe vainqueur. Plus il a de qualités qui le rendent redoutable, plus fon orgueil eft flatté d'avoir pû s'en rendre la maîtreffe.

Quant au trillo qu'on dit être déplacé fur le mot *eft* du premier vers, quoiqu'on foit fort en garde contre la démangeaifon de contredire, on ne peut s'empêcher d'obferver que c'eft précifément cette demi-cadence jointe au repos critiqué qui rendent complet le fens du premier vers. On trouve que cette marche du Muficien exprime à merveille l'extrême fatisfaction qu'Armide éprouve au fond de fon cœur du fuccès de fes artifices.

*Le charme du fommeil le livre à ma vengeance ;*
*Je vais percer fon invincible cœur.*

On critique la complaifance du Muficien pour les mots *charme* & *fommeil.* La critique paroît rigoureufe & affez jufte.

On blâme la cadence finale fur ces mots *invincible cœur.* Peut-être Lulli a-t'il voulu, par le repos de la cadence finale, exprimer toute l'importance qu'Armide attache à l'efpece de victoire qu'elle remporte fur un héros invincible, fur un héros dont le cœur eft inacceffible aux charmes de la volupté ; cependant on n'ofe décider fur cela.

*Par lui tous mes captifs font fortis d'efclavage :*
*Qu'il éprouve toute ma rage.*

Le critique suppose qu'après les mots *invincible cœur*, Armide éprouve des mouvemens de compassion & d'amour sous-entendus par le Poëte. Il dit que cette reticence est la transition qui lie ces deux vers avec le précédent. Il assure que sans cette reticence du Poëte, ces deux vers seroient une répétition inutile de ce que personne n'ignore. Il blâme le repos ménagé par le Muficien après les mots *invincible cœur*, & voudroit qu'au lieu d'un silence inutile l'orquestre exprimât dans ce moment les mouvemens d'amour dont Armide est agitée.

Ces observations du critique supposent qu'il n'a point fait assez d'attention au vrai sens des paroles. Armide n'éprouve encore aucune agitation nouvelle, après avoir dit qu'elle veut percer le cœur de Régnaut. Mais Armide est généreuse, & l'action qu'elle médite ne l'est pas. Elle se reproche de vouloir percer le cœur d'un ennemi désarmé. C'est ce que le Poëte a sous entendu, & c'est en même tems la véritable raison du repos qui suit les mots *invincible cœur*. Après un moment de réflexion, les raisons d'immoler Regnaut se présentent à l'esprit d'Armide, & la déterminent.

*Par lui tous mes captifs sont sortis d'esclavage :*
*Qu'il éprouve toute ma rage.*

Il n'est donc point du tout nécessaire, pour justifier ces vers, de supposer qu'Armide vienne de ressentir les premiers mouvemens de l'amour ; il suffit qu'elle soit capable de quelque humanité. Lulli, en faisant exécuter par ses violons dans ce moment de repos une surprise de l'amour, eût agi contre les intérêts du Poëme, & eût dérobé à son héroïne un sentiment de générosité, dont elle a besoin pour mériter à son tour la compassion du spectateur.

*Quel trouble me saisit ? Qui me fait hésiter ?*

Dans ce moment Armide commence à connoître qu'elle aime & qu'elle aimoit. On reproche vivement au Musicien de n'avoir point suffisamment exprimé le desordre de ses sens & l'agitation de son cœur. Mais en confiant aux instrumens une partie de l'expression du trouble & des mouvemens dont Armide est agitée, il faudroit peut-être y rêver beaucoup pour produire avec ce secours une impression plus forte & aussi juste que celle que fait la voix soutenue par un accompagnement fort simple.

*Qu'est-ce qu'en sa faveur la pitié me veut dire ?*
Frapons.

Le critique desireroit que le Musicien eût

exprimé ce vers entier du même ton, & avec la même véhémence qu'il a donnée au mot *frappons*. Mais ne seroit-ce pas détruire le sens de ce beau vers? Armide toujours généreuse se flatte que la pitié seule lui parle en faveur de Regnaut, & s'oppose à sa vengeance ; elle espere vaincre aisément un simple mouvement de compassion, & persiste à vouloir frapper son ennemi. Cette façon de l'entendre paroît la meilleure, sans exclure cependant les avantages & la plus grande vivacité de l'autre expression.

*Ciel qui peut m'arrêter?*

*Achevons ; je frémis. Vengeons-nous : Je soupire*

On reproche à Lulli l'inconcevable maladresse d'avoir exprimé sur le même ton des sens très-opposés, & d'avoir chanté

*Achevons, achevons. Vengeons-nous, vengeons-nous.*

*Premiere Réponse.* En supposant que la remarque soit juste, les coups mortels qu'on s'efforce de porter au Musicien ne seroient point du tout une conséquence nécessaire de cette observation.

*. . . . . . . . Ciel, qui peut m'arrêter!*

Voilà le moment fatal qui éclaire Armide

sur ses véritables sentimens. Elle ne peut plus méconnoître la violente passion qui l'anime. Elle en est outrée de douleur. Sa gloire est anéantie, son bonheur est évanoui. Les frémissemens & les soupirs sont la suite de cette affreuse vérité, & les seuls mouvemens dont son ame soit capable dans ce moment. Mille fois plus heureuse si elle n'étoit occupée que de haine & de vengeance, elle regrette amerement son erreur. Les mots *achevons*, *vengeons-nous*, n'expriment que des desirs superflus ou de vains projets qui ne peuvent plus avoir d'exécution : soupirer & gémir sont les accens involontaires d'un cœur entraîné malgré lui par l'amour. Le Musicien pénétré de cette idée pouvoit fort bien ne s'être occupé que des paroles, *je gémis*, *je soupire*, & avoir négligé les mots *achevons*, *vengeons-nous*, en les chantant sur le ton des autres, persuadé qu'il rendroit avec plus de vérité la passion d'Armide, s'il laissoit subsister jusque dans ses projets inutiles de vengeance l'apparence & le ton du sentiment dominant.

Ce raisonnement justifieroit suffisamment le Musicien, s'il n'étoit pas réellement fort au-dessus de toute espece de justification par l'effet admirable que produit au théâtre ce beau vers quand il est bien chanté. On ajou-
teroit

téroit à ces réflexions, que quand on a le
bon on ne devroit jamais chercher à en affoiblir le mérite par des argumens tirés d'un
meilleur poffible, & que la feule critique
qui dût être permife en pareil cas feroit de
faire mieux.

*Deuxieme Réponfe.* Plufieurs perfonnes
dont le goût eft affez jufte, prétendent qu'il
n'eft pas vrai que les deux idées de vengeance & d'amour renfermées dans ce vers, foient
exprimées de la même maniere. Comme
tout le monde peut aifément s'affûrer de la
vérité d'un fait auffi fimple, on n'infifte pas
davantage fur une remarque qui, fi elle eft
fondée, en diroit beaucoup, & peut être
en diroit trop.

> *Eft-ce ainfi que je dois me venger aujourd'hui ?*
> *Ma colere s'éteint quand j'approche de lui.*

On blâme dans le dernier vers la cadence
parfaite qui eft, dit-on, la mort de l'expreffion. Ne rendroit-elle pas affez bien dans ce
moment le plaifir qu'Armide eft fâchée d'é-
prouver, & qu'elle éprouve cependant en
s'approchant de Regnaut ? Mais on n'ofe
prononcer qu'avec beaucoup de circonfpec-
tion fur les chofes de fentiment.

> *Plus je le vois, plus ma vengeance eft vaine.*

**H**

On croit que la voix doit s'élever sur le mot *vaine* comme Lulli l'a décidé, & non sur le mot *vengeance,* comme le voudroit le critique ; parce que le dépit d'Armide est occasionné par l'impossibilité de vouloir, & non par l'impossibilité de pouvoir se venger. Ce sont là des délicatesses presqu'imperceptibles sur lesquelles le pour & le contre peuvent paroître également vrai-semblables. Cependant le préjugé est pour Lulli.

*Mon bras tremblant se refuse à ma haine :*
*Ah, quelle cruauté de lui ravir le jour !*

Dans le premier vers on critique la cadence parfaite. Dans le second on trouve qu'il falloit détacher le mot *cruauté* de préférence au mot *jour.* Ce dernier mot a quelque rapport à la vie précieuse de Regnaut, & le mot *cruauté* a une haine imaginaire qui n'éxista jamais. Cette idée peut avoir déterminé Lulli : on n'ose le blâmer.

*Que s'il se peut je le haïsse.*

On reproche très-durement au Musicien d'avoir donné à la parenthese *s'il se peut* le même ton & la même force d'expression qu'aux mots *je le haïsse.* Cette accusation paroîtra fort injuste, lorsqu'on voudra se ressouvenir qu'Armide n'ignore pas, comme nous l'avons déja dit, qu'il feroit mille fois plus glorieux pour elle & moins cruel pour fon cœur de haïr Renaut que de l'aimer, & qu'elle doit être au defefpoir de fe trouver la victime des illufions de fa paffion. Armide met donc en oppofition, d'un côté la force de fa paffion, *s'il fe peut*, & de l'autre tout l'avantage qu'elle trouveroit à pouvoir haïr, *je le haïffe*. En balançant également ces deux idées de bonheur & d'amour, Lulli a mis dans ce peu de paroles une chaleur & une fublimité d'expreffion qui produifent au Théâtre l'effet le plus admirable.

On finit cet examen par dire qu'il eft très-poffible que Lulli n'ait point donné au monologue toutes les beautés muficales dont les paroles font fufceptibles, mais qu'il a rendu avec une juftefse de fentiment merveilleufe les principaux mouvemens dont Armide eft agitée; que ce genre de mérite doit être fort grand, puifqu'il eft fi rare; que c'eft à cette efpece de beauté particuliere, & non au feul mérite des paroles ou aux geftes de l'Actrice, qu'il faut rapporter le grand fuccès du monologue; que par conféquent Lulli n'étoit pas tout-à-fait incapable de mettre en Mufique les beaux vers de Quinaut; & qu'enfin, s'il a fait des fautes, il eft plus excufable que ceux qui le

condamnent, après foixante ans de réflexion, pour des torts qu'il n'a pas eu, &
pour n'avoir pas employé dans fa Mufique
des ornemens qui, felon toutes les apparences, auroient été déplacés.

On feroit peut-être curieux de fçavoir
comment un Compofiteur Italien auroit
traité cette belle Scene. La comparaifon de
ce qu'il auroit fait avec ce que nous avons
& ce que nous connoiffons, pourra nous
donner quelques nouvelles lumieres fur les
avantages & fur les inconvéniens des deux
manieres.

Le vers, *enfin, il eft en ma puiffance*, &
ceux qui fuivent, auroient été rendus par un
récitatif ordinaire, qui certainement n'eût
exprimé que foiblement tout le plaifir qu'-
Armide éprouve, en voyant fon ennemi fatal prêt à tomber fous fes coups.

Le vers, *quel trouble me faifit? qui me fait
hefiter?* & les autres, auroient été rendus
par un récitatif obligé. La voix auroit prononcé rapidement & avec véhemence les
paroles, en détachant très-exactement les
différens fens, & les Violons auroient fait
le commentaire. L'Orqueftre auroit roulé
alternativement & jufqu'à la fin de la haine
à l'amour, de la tendreffe à la fureur, de la
pitié à la vengeance. On fuit pas à pas la

composition Italienne indiquée par le Critique lui-même. Cette Musique eût sans doute
été fort belle & d'un effet éclatant. Cependant ses expressions chargées & amies des
antithèses, auroient outré les sentimens, &
qui pis est, auroient porté à faux l'attention
du Spectateur. Le travail des Violons dans
ces grands morceaux de Musique, rend à
merveille une seule passion violente, comme
la terreur, le desespoir, la pitié, la haine &
l'amour, ou deux passions uniques qui se
contrarient. Mais lorsque les passions du personnage sont en grand nombre ; lorsque leur
caractere général doit être déterminé &
nuancé par des sentimens délicats qui sont
à côté les uns des autres, sans être dans une
opposition décidée, alors les Instrumens,
dont l'expression est toujours vague, ne
manquent jamais de charger & de s'éloigner
du vrai, que la voix a seule le privilege de
rendre avec la justesse & la précision qui
conviennent. Ainsi, lorsqu'elle donne cette
commission aux Instrumens, comme elle fait
toujours en Italie, ceux-ci s'en acquittent
en se jettant dans l'indétermination qui leur
est propre, & en portant dans l'ame du
Spectateur le trouble & la confusion. Ce
Spectateur est agité, cela est vrai ; mais il
ne sçait pas trop exactement lui-même quel

est le véritable sentiment qui l'affecte dans ce moment. L'ame légerement attaquée par trop de côtés, résiste sans effort à toutes les secousses qu'on veut lui donner.

S'il étoit question simplement dans ce monologue de rendre avec force les mots d'*amour*, de *haine*, de *pitié*, & de *rage*, que prononce Armide, & que cette héroïne fût une femme emportée, peu capable de réflexion, le récitatif obligé des Italiens feroit sans contredit des merveilles ; mais ce n'est pas cela. Il faut exprimer le regret affreux dont Armide est pénétrée, en cédant à l'amour ; sa honte de se trouver dans l'impossibilité de se venger ; son desespoir d'avoir été si long-tems trompée par les apparences d'une fausse haine ; en même tems sa foiblesse extrême pour Regnaut, plus forte que toute sa raison : voilà ce qu'il est nécessaire de faire sentir, parce qu'Armide doit toujours mériter l'estime du Spectateur & l'intéresser jusqu'à la fin. Voilà ce que le récitatif obligé des Italiens auroit beaucoup de peine à bien rendre, & ce que Lulli a très-bien rendu.

Cette distinction sur le véritable effet du récitatif obligé dans les deux cas dont nous parlons, est un fait qu'il est permis de nier, mais qu'on n'avance cependant qu'après l'avoir éprouvé très-souvent.

Malgré toutes ces difficultés qui ne font point imaginaires, fuppofons pour un moment que le Muficien eût exactement diftingué des nuances fi délicates, en donnant à ces différens fentimens la force & la vivacité qu'on a droit d'exiger,& fuivons cette fcene jufqu'à la fin. Le récitatif obligé doit être terminé par une ariette ; c'eft un ufage général dont on ne fe difpenfe jamais.

Quoi, dira-t-on, Armide livrée aux mouvemens les plus impétueux de l'amour, de la furprife, de la honte & du defefpoir ; Armide qui voudroit cacher à tous les mortels, & fe cacher à elle-même la fureur & la foibleffe de fes tendres emportemens, eft obligée de refter encore fur le Théatre & de chanter une ariette! Oui l'ariette eft indifpenfable ; c'eft une loi muficale rigoureufe qu'il faut qu'elle fubiffe. Il eft vrai que ce moment paroît également critique pour le Poëte & pour le Muficien. Le genre pathétique eft épuifé par la longueur du monologue qui a été fur ce ton d'un bout à l'autre ; & l'on pourroit foupçonner le Compofiteur d'être fort embarraffé, fi l'on ne connoiffoit par expérience, les reffources infinies que fournit l'Art pour fe tirer d'un pas à nos yeux fi difficile.

Ce Muficien a trois partis à prendre, tous

trois à peu-près également bóns. Il peut trouver une modulation fçavante & peu commune, dont la marche impofante & bifarre
redoublera l'attention du Spectateur : il aura foin de mettre la Chanteufe à portée de
parcourir avec une volubilité prodigieufe
toute l'étendue de fa voix, en fourniffant à
fon organe flexible les occafions fréquentes
de fraper, avec autant de rapidité que de
juftelle, des intervalles extraordinaires ; &
il ne manquera pas de redoubler fon enthou-
fiafme par des accompagnemens, qui fra-
pant à propos certaines cordes, la forceront
de déployer tous fes talens dans des arbitrios à perte d'haleine. Alors tous les auditeurs feront ravis en extafe ou pétrifiés d'admiration ; & fi quelqu'un s'apperçoit par
hafard du mal réel que ces ornemens déplacés font à la Scene, il fçaura toujours très-
bon gré au Muficien de toute la peine qu'il
s'eft donnée pour varier fes plaifirs.

Ou bien il communiquera fubitement à
l'Actrice une certaine propriété fort commode, qu'on appelle en Mufique, flux de
bouche. Tout à coup les paroles fe fuccé-
deront & fe précipiteront fur les levres de
l'héroïne avec une telle véhémence, que
les organes de fa prononciation, excités jufqu'au délire, pourront à peine fuffire à l'ar-

ticulation des syllabes & des sons. En dépit
de la souplesse infinie que donne à l'esprit
une admiration sans bornes, le Spectateur
ne pourra jamais demêler si la voix court
après les instrumens, ou si ce sont les instrumens qui courent après la voix; & dans
l'impossibilité absolue d'y pouvoir rien comprendre, il transformera, de son autorité
privée, la Musique vocale en Musique instrumentale, en portant toute son attention
sur l'adresse merveilleuse avec laquelle les
Joueurs de gobelets qui sont dans l'Orquestre, exécutent tous à la fois le même tour.

Ou enfin les instrumens & la voix garo-
tés à qui mieux mieux, & stimulés jusqu'au
dernier degré de leurs puissances materiel-
les, feront un tel fracas, que le Spectateur,
témoin de ce terrible exercice, se croira voi-
sin des abîmes du cahos, & restera confon-
du. Il tremblera de voir à chaque instant la
Chanteuse, les violons, les tymbales & les
trompettes précipités de compagnie dans
les enfers; & il attendra avec impatience
la fin de cette bruyante Musique, en excu-
sant intérieurement le Musicien sur la nécessité où il se trouve de rendre avec force une
Scene si tendre & si touchante, une situation
si pathétique. Cette Musique est ce qu'on
appelle *una aria di strepito*, nom qu'elle

s'efforce de mériter tous les jours davan‑
tage *.

Après avoir fait nos premieres obferva‑
tions fur la Mufique, afin de fuivre l'ordre
le plus ordinaire de la compofition, nous
allons examiner à préfent ce que le Poëte
pourra dire dans l'ariette, & quel fera le fu‑
jet du Madrigal chanté par Armide.

Fera‑t‑elle la defcription du voyage bril‑
lant qu'elle médite aux extrémités de la Ter‑
re ? Cette idée doit l'occuper médiocre‑
ment. Cherchera‑t‑elle à excufer fa foibleffe
par des maximes adroitement debitées fur la
puiffance de l'amour, & fur la difficulté de
réfifter à cette violente paffion ? Après ce
qui vient de fe paffer fous les yeux du Spec‑
tateur, ces réflexions feroient bien froides.
S'abbaiffera‑t‑elle jufqu'à faire une peinture
voluptueufe du bonheur de deux amans
ignorés de toute la Terre, qui s'occupent
uniquement des intérêts de leur amour ? Ar‑
mide s'aviliroit. Daignera‑t‑elle comparer
le feu qui la dévore au torrent rapide qui

---

* *Nota.* Ces peintures, très-reffemblantes à nos yeux,
paroîtront peut‑être exagérées aux Italiens. On a voulu
donner une idée de quelques défauts de leur Mufique, dont
ils fe plaignent eux‑mêmes. Ils font trop éclairés pour blâ‑
mer un François qui malgré fon admiration très-fincere pour
les talens de leurs artiftes, ne veut ni ne peut renoncer to‑
talement au goût du pays dans lequel il eft né.

defole les campagnes , à la tempête qui menace le monde entier de fa ruine , à l'affreux
incendie qui engloutit à la fois les richeffes
des Villes & des Royaumes? Ces efpeces
d'apologues feroient bien deplacés ; cependant , tout bien examiné , ce dernier parti
paroît être le meilleur. Il eft vrai que cette
ariette glacera le Speétateur , & fera un
effet déteftable ; mais au furplus cette ariette , comme la plûpart des autres , paroîtra très-belle à ne regarder que la Mufique , en même tems que relativement au
fujet , elle deviendra un hors-d'œuvre tout-
à-fait deftruétif du fentiment , ennemi mor-
tel de l'intérêt , fatal à l'aétion , aviliffant
enfin pour le perfonnage théatral, qui, pendant tout le tems que l'ariette durera , ceffe-
ra d'intéreffer les Speétateurs fenfibles , &
ne fera plus à leurs yeux qu'une Chanteufe
plus ou moins bonne , qui s'éleve fur des
échaffes.

On nous dira peut-être que nous fommes
injuftes, que nos fuppofitions font fauffes ,
& que le Muficien fera cette ariette dans
le genre pathétique. Il eft le maître ; mais
quelque parti qu'il prenne, on eft perfua-
dé qu'il n'en fera pas moins éloigné du but
aux yeux du Speétateur François. Qu'on
propofe ce Monologue à imiter au plus bel

esprit, à compoſer au plus grand Muſicien de l'Italie; qu'on les prévienne de tous les écueils qu'ils auront à éviter, & ſur leſquels ils ſe briſeroient au premier pas, ſans cette précaution; qu'à la guinguete reprochée à Lulli on ſubſtitue une ariette qui dira tout ce qu'on voudra; on eſt convaincu qu'Armide ſera métamorphoſée en furieuſe ou en femme voluptueuſe, & que long-tems avant la fin de cette Scene elle ſera dégradée & avilie au point qu'il ne ſera plus poſſible de s'intéreſſer aux actes ſuivans. On indique ce problême aux Muſiciens Italiens & à leurs partiſans diſprezzateurs outrés de notre Muſique. On croit ſincerement qu'il ne ſera jamais réſolu.

C'eſt avec regret qu'on dévelope ici des principes qui établiſſent une ſi grande différence entre le goût des Italiens & le nôtre. Mais cette vérité eſt peut-être au fond le ſeul réſultat de toutes nos obſervations. On eſt fort éloigné de prétendre blâmer les Italiens, & l'on n'a d'autre deſſein que de faire ſentir la diſtance preſque infinie qui ſe trouve entre les habitudes des deux Nations à cet égard. Le Compoſiteur Italien, à force de chercher de nouvelles expreſſions, au lieu de s'en tenir à la bonne quand il l'a trouvée; à force de multiplier les images

dans un fujet qui doit renfermer une forte
d'unité ; à force de vouloir tout peindre
indiftinctement & fans choix, anéantit fans
reffource cette noble vraifemblance qui fait
à nos yeux le principal mérite d'une repré-
fentation théatrale. Toujours malheureux
dans fes tableaux, le héros le plus parfait
devient entre fes mains un véritable extra-
vagant quand il menace, un efféminé quand
il parle d'amour, un poltron qui s'exagere
le péril quand il prévoit quelque obftacle,
un forcené quand il médite une belle action,
un imbécille quand il délibere. Sous fon
pinceau bifarre les autres perfonnages ne
confervent pas plus de dignité ; tandis que
les confidens, au lieu de prendre une part
férieufe à ce qui fe paffe, ne ceffent d'en-
tretenir le Spectateur en tout état de caufe
& dans les momens les plus tragiques de
l'action, du petit rayon d'efpérance qui perce
à-travers les nuages de leur imagination ;
de cette conftellation bien-faifante, & dont
ils ont le fecret, qui ne manque jamais de
conduire le vaiffeau dans le port en dépit
des orages ; de l'épuifement tout-à-fait vrai-
femblable du torrent dont la campagne eft
inondée : le tout ajufté fur des mouvemens
de menuet, de gavotte ou de rigaudon.

Malgré tous ces contre-fens, dont pas un

n'eft exagéré , on convient volontiers que
la Mufique eft fouvent admirable ; & l'on
regrette fincerement qu'elle foit prefque
toujours telle , dans les Poëmes héroïques ,
aux dépens du fujet , des perfonnages , du
vrai , & du vraifemblable.

Le filence profond que le Critique a
gardé fur le fommeil d'Armide & fur la
Scene du cinquieme Acte , plus célebres encore que le monologue , eft un aveu tacite
de l'excellence de cette Mufique. La bonne
Mufique Italienne fait fans doute beaucoup
de plaifir ; mais elle ne fait pas celui qu'on
éprouve en écoutant les deux morceaux que
nous venons de citer. Cette belle Scene ,
qu'on fe rappelle toujours avec tranfport ,
offre le tableau le plus vif , le plus vrai , le
plus tendre , le plus paffionné , & le mieux
rendu qui foit peut-être au Théatre. Les
Italiens modernes n'ont rien compofé qui
puiffe échauffer auffi fûrement le cœur , exciter un fentiment auffi doux , procurer une
illufion auffi parfaite , & foutenir le même
effet fi long-tems , fi également & fi unifor-
mément depuis le commencement jufqu'à
la fin. Le feul *duo* peut être accufé de médiocrité. Tout ce qui le précede eft fublime.

Toutes les fois qu'on affifte à la repréfen-
tation du grand Opera Italien , on croit a-

voir en fa poffeffion les lunettes de Gulli-
ver. Dans le récitatif, on n'apperçoit que
des Pigmées ; dans les ariettes, on voit des
Géans monftrueux qui n'ont rien d'humain.
Les idées, les fentimens, les images, tout
eft exagéré, tout fe perd dans l'immenfité
de l'imagination ; rien n'eft exaĉtement ren-
fermé dans le cercle toujours aimable de la
fimple vérité.

Ce défaut effentiel, en détruifant bientôt
toute efpece de vrai-femblance, répand dans
l'ame le vuide & la trifteffe. On fe laffe à la
fin d'admirer les efforts d'une Mufique or-
gueilleufe & jaloufe, qui dédaigne de partager avec la Poëfie la gloire d'amufer les
Speĉtateurs ; & fans les *barcaroles* que chantent les confidens ou les perfonnages eux-
mêmes, lorfque le befoin eft preffant, on y
languiroit d'admiration, on y périroit d'en-
nui.

En comparant avec attention & féparément l'effet que produifent les deux Mufiques Françoife & Italienne, lorfqu'elles
font bien compofées, on croit découvrir
que l'ariette remue à la fois toutes les cordes fenfibles de l'ame, fans offrir au fentiment d'objet bien diftinĉt. Toujours occupé
par la diverfité des idées ou par la richeffe
des deffeins, l'efprit travaille continuelle-

ment : s'il part un trait capable d'échauffer le cœur, à peine eft-il fenti qu'il échape ; il eft déja loin, de nouveaux traits fuccedent, l'ame eft agitée par un mouvement confus & indéterminé. Lorfque l'ariette eft finie, on eft flatté d'avoir été capable d'admirer des chofes en effet fort belles, & qu'il faut toujours un peu deviner. C'eft un plaifir mêlé de vanité. Il n'y a perfonne qui ne croye fincerement avoir démêlé plus de fineffes, avoir fenti plus de beautés qu'aucun de ceux qui ont affifté au même Spectacle. De-là naiffent ces éclats d'applaudiffemens, ces éloges exceffifs dont on eft fi prodigue.

La belle Scene Françoife ne s'attache qu'à produire une feule & unique impreffion. Elle l'a fait naître, l'augmente peu à peu par des nuances imperceptibles, ne l'abandonne jamais, & la conduit jufqu'au degré le plus fort. Simple dans fa marche, uniforme dans fon objet, elle occupe, elle intéreffe, elle produit un plaifir unique qui s'empare de l'ame & domine fouverainement. C'eft un plaifir de fentiment. Après l'avoir entendu on fe fouvient d'avoir éprouvé quelque émotion plus ou moins vive : on croit en avoir l'obligation toute entiere au Muficien ou à fa propre fenfibilité ; on s'en vante peu. Une expérience qui devroit être fauffe

a

à fait penſer que les perſonnes les plus ſpiri-
tuelles n'étoient pas toujours les plus diſpo-
ſées à recevoir cette émotion plus vivement
que les autres. Ainſi on parle avec modeſtie
du mérite & des effets de la Muſique Fran-
çoiſe, parce qu'on eſt toujours modéré ſur
les louanges des autres, & qu'on ſe cache
à ſoi-même une ſorte d'humanité qu'on croit
trop voiſine de la foibleſſe. Mais on s'étend
avec complaiſance ſur le plaiſir que fait la
Muſique Italienne, parce qu'on réſiſte difficilement à la tentation de faire indirecte-
ment l'éloge de ſon eſprit.

Rendons juſtice aux Italiens, à la chaleur
de leur génie, à la fécondité de leur imagination, à la ſublimité de leurs idées. Diſons
qu'en les jugeant ſur une ariette ſeule, ils paroiſſent ſupérieurs à tout ; qu'en les jugeant
ſur l'ouvrage entier, ce ſont des hommes qui
manquent de délicateſſe & de cette eſpece
de mérite qui conſiſte à bien regler les ſail-
liès de l'imagination : diſons que leur talent,
tout merveilleux qu'il eſt, les met plus à
portée de réuſſir dans les petites choſes que
dans les grandes ; qu'ils peuvent plaire dans
la Comédie, mais qu'ils ont beſoin d'une
indulgence exceſſive pour être ſupportables
dans la Tragédie.

Avouons de bonne foi que cette douce

I

illufion qui place le Spectateur à côté du Perfonnage, qui le met de moitié dans fes projets, dans fes efpérances, dans fes peines, même dans fes plaifirs; que cette erreur profonde dans laquelle le Spectateur fe plonge, s'oublie, & fe perd, qu'il eft fi content d'éprouver, & dont à fon reveil il fait tant de gré aux arts qui l'ont fait naître, eft une beauté qui n'appartient qu'à l'Opera François.

Ofons dire que ce grand effet n'eft jamais produit que par l'imitation fimple, jufte, & parfaitement vraie de la nature; que cette efpece particuliere de beauté qu'on feroit peut-être en droit de regarder comme l'unique perfection théatrale, eft une production naturelle à notre terroir, étrangere à l'Italie, peu connue par-tout où les Italiens ont prévalu. Ajoutons qu'elle doit fa naiffance & fa culture au goût François, à cette union parfaite de la vérité & de la décence qui caractérife nos arts, nos plaifirs, & nos ouvrages. Que la vérité rendue fimplement, mais toujours avec élégance & nobleffe, eft le charme fecret qui a forcé toute l'Europe de rendre hommage à notre goût. Permettons à notre inquiétude, trop amie des nouveautés, de s'amufer quelquefois des penfées ingénieufes, des écarts, des faillies,

& des charges Italiennes ; mais ne nous laiſ-
ſons point entraîner par une méfiance puſſil-
lanime & peu fondée de nous-mêmes, au
torrent d'un goût qui n'eſt pas le nôtre.
Tout eſt lié dans les arts & dans la ſociété
par des chaines inviſibles. A l'exception de
Métaſtaſe qui s'eſt modelé ſur les Poëtes
François qu'il a choiſis pour ſes maîtres, les
Italiens ſont en Poéſie ce qu'ils ſont en Muſique , brillans ſans juſteſſe , élevés & fé-
conds ſans préciſion , ſpirituels , mais ſans
s'attacher de préférence aux véritables beautés qu'ils confondent perpétuellement avec
les fauſſes. Toujours eſclaves d'une imagination qui les ſubjugue , & qui loin de balancer les autres facultés de l'eſprit , rompt
à tout moment l'équilibre. Ils n'ont mérité
des ſuccès ſi décidés en Peinture, que parce
que cet art demande une imagination d'une
force prodigieuſe , & que la nature a donné
des chaines à leur tyran , en préſentant à
chaque inſtant ſous les yeux le vrai modele
auquel il eſt plus difficile d'atteindre , qu'il
n'eſt facile de s'en écarter beaucoup.

Lorſque Lebrun a repréſenté la famille
de Darius aux pieds d'Alexandre , il a réuni
dans ce beau tableau la compoſition la plus
noble & la plus ſage avec la force du deſſein
des Italiens. Il n'a montré que des objets né-

cessaires & tenant essentiellement au sujet. Ce grand ouvrage a réuni le suffrage unanime de toutes les nations. C'est le chef-d'œuvre le plus connu des François en Peinture, un modele assez juste de la beauté françoise, & l'exemple le plus sensible de la perfection à laquelle nous pouvons atteindre. Si dans cette Scene où brillent de toutes parts les mouvemens les plus vifs, les passions les plus nobles, le Peintre s'étoit permis quelque riante épisode, s'il avoit frapé par prédilection quelques traits de naïveté ou de badinage saillans & sublimes, ce tableau auroit sans doute été plus piquant pour les amateurs Italiens; il auroit perdu la moitié de son mérite aux yeux des François.

La nature nous a peut-être refusé la force & les grandes richesses de l'imagination, mais elle nous a donné pour devise *décence & vérité.* Tel est notre partage. L'ingratitude seule feroit en droit de s'en plaindre : c'est en nous rendant attentifs à sa voix, c'est en suivant avec constance la route qu'elle nous a tracée, que nous pouvons espérer de perfectionner nos arts & de parvenir aux plus grands succès. Gardons-nous d'étouffer ses inspirations ; peut-être nous tourmentons-nous déjà pour imaginer & pour découvrir les moyens de parvenir à défigurer l'empreinte qu'elle nous a refervée. Ceffons de nous aveugler; tâchons de connoître les autres; connoiffons-nous nous-mêmes. Les Italiens font des fages; ils ont fenti leur talent, étudié leur génie, calculé leurs forces, & balancé avec une juftefle admirable relativement à leur goût les avantages & les inconvéniens, les beautés & les défauts. Ils ont jugé qu'en facrifiant une forte de plaifir ou de perfeftion, à laquelle ils étoient moins fenfibles que d'autres, ils en feroient avantageufement dédommagés par une foule de beautés qui naîtroient de toutes parts, & que leur efprit enfanteroit avec une facilité prodigieufe. Le fuccès le plus flatteur a couronné leurs travaux. Imitons-les; tâchons de bien connoître ce que nous fommes, ce que nous pouvons, ce que nous aimons. Gardons-nous d'être copiftes & ferviles imitateurs : foyons perfuadés que nous réuffirons avec une facilité étonnante à gâter le terrein qui nous donne des fruits d'un goût délicieux, fans jamais parvenir à le forcer d'imiter parfaitement dans fes produftions, la faveur doucereufe & le fel piquant des Etrangers, fi bien rendus par leur mot favori, *dolce piquante.*

Le *beau Italien*, dans la Mufique, offre toujours des images qui fe font valoir, &

brillent par leur oppofition. Il tient beaucoup à cette partie de l'imagination, qu'on appelle *abondance & fertilité.*

*Le beau François* eft plus uniforme. Il s'attache à bien rendre une feule idée dans toute l'étendue qu'elle peut recevoir, fans ceffer d'être la même, & paroît tenir davantage à cette qualité de l'efprit, connue fous le nom de *jufteffe.*

*Le fublime des Italiens* eft ordinairement une image magnifique, mais toujours portée au-delà du vrai & du bon ; raifon pour laquelle l'idée que cette image réveille a fouvent rapport à quelque vice caché de notre ame. Ce fublime étonne le fentiment, l'irrite, & ne le fatisfait prefque jamais.

*Le fublime des François* eft une idée noble, vraie, & rendue fenfible par un trait fimple. C'eft le bon lui-même fixé fous un feul point de vûe, dégagé de toute exagération & de tout rapport étranger. Ce fublime fe trouve fi analogue à l'excellence de notre ame, qu'elle jouit d'une tranquillité profonde pendant tout le tems que dure la trace de l'image.

Les François n'ont pas toujours pû atteindre à ces traits majeftueux qui embelliffent la nature, fans altérer la vérité. Ils ont péché quelquefois en défaut ; principe de froi-

deur. Les Italiens ont péché plus fouvent
en excès. Trop ennemis de toute efpece de
contrainte dans les chofes qui paroiffent
liées directement au plaifir, au lieu de s'af-
fujettir à peindre les effets de la belle nature,
ils nous ont donné prefque toujours les portraits multipliés à l'infini des effets de leur
imagination ; fource de chaleur & de defordre *.

Tâchons de démêler la marche fecrette,
la méchanique fublime & les reffources cachées de la Mufique des Italiens. Analyfons
les caufes de ces inftans fugitifs de plaifir
qu'elle nous procure de tems en tems. Etu-
dions quelquefois leur art, mais fuivons notre génie. Appliquons nos découvertes à
faire valoir de plus en plus les beautés qui,
par la nature de notre efprit & de notre goût,
ont le droit de nous plaire de préférence à
toutes les autres.

Attachons-nous à l'effet général dans tous
nos ouvrages ; cherchons à lier toutes les
parties avec un tel art, qu'on ne puiffe fe
rappeller fans plaifir, fans admiration, ou
fans quelque fecret mouvement du cœur,
l'enfemble régulier qu'elles compofent ; que
rien ne fe détache, que rien ne brille d'une

* Ces vûes générales fur la Mufique, font peut-être ap-
plicables à la Poëfie & à quelques autres arts.

lumiere trop éclatante, que rien ne contrafte arbitrairement, que le ton foit toujours égal & foutenu, que le plan foit la fource des beautés du détail, que celles-ci contribuent à leur tour à l'embelliffement du plan, que tout prenne la place qui lui convient, que tout plaife également par le jufte rapport des ornemens & des preuves, avec les lumieres du génie & la vérité du fentiment ; que l'ouvrage entier amufe, éclaire & perfuade l'efprit, qu'il échauffe, entraîne & fubjugue le cœur.

Telles font les beautés que notre goût préfere, auxquelles notre génie nous porte, & qu'il nous eft poffible de produire. C'eft cette union & cette jufte correfpondance de toutes les parties, c'eft cette force de l'enfemble qui fait le grand mérite de l'Opera d'Armide & de quelques autres productions théatrales de nos Muficiens. Cette beauté a été l'objet des travaux de Racine & de Moliere. Ils l'ont regardée comme la vraie perfection de leur art ; ils ont pû l'atteindre. La même beauté caractérife tous les bons ouvrages François : c'eft à cette fource qu'il faut rapporter les progrès de notre Langue dans l'Europe & l'étendue de notre réputation littéraire.

Que ceux qui courent la carriere des arts

ne perdent jamais de vûe le vrai goût de leur Nation. Le même fuccès les attend. Que nos Muficiens s'étudient, qu'ils effayent leur talent, qu'ils fentent de quoi ils font capables. S'ils ont plus de facilité que de juftefle, plus de hardieffe que de précifion, plus d'élévation que de fentiment, qu'ils renoncent à faire de la Mufique fur des paroles Françoifes. S'ils n'ont pas affez de force pour fixer, dans les productions de leur art, les qualités excellentes appartenant à leur Nation, & que la Nature a gravées avec des traits prefque ineffaçables : s'ils ne font pas revivre après eux ce caractere vif & noble, tendre & rarement dominé par des paffions violentes, raifonnable quoique fort gai, qui nous fait tant d'honneur : s'ils ne donnent pas à leurs Compatriotes éclairés & fenfibles le genre de plaifir qu'eux feuls font peut-être capables d'éprouver & d'évaluer tout ce qu'il vaut ; femblables aux Compofiteurs Italiens modernes, leur réputation difparoîtra dès fon aurore ; ils feront également defavoués par les Etrangers qu'ils auront imités, & par la Nation qui les aura produits.

K

## Fautes à corriger.

*P*Age 8, *ligne 4.* tout-à-fait ; *lisez*, très.

*Page 24, ligne premiere.* parfaits ; *lis.* parfaites.

*Ibid. ligne 7.* agrémens ; *lisez*, agrément.

*Page 26, ligne 21.* si différens ; *lisez*, très-diffé-rens.

*Page 42, ligne 29.* paroît médiocre ; *ajoutez*, à quelques personnes difficiles, & ne l'est pas.

*Page 57, ligne 14.* perdre jamais ; *lisez*, perdre presque jamais.

*Page 72, ligne 16.* de tout ; *lisez*, de tous.

*Page 75, ligne 6.* aprouve ; *lisez*, éprouve.

www.ingramcontent.com/pod-product-compliance
Lightning Source LLC
Chambersburg PA
CBHW072113090426
42739CB00012B/2953